Roland Kaltenegger

Hauptmann Rudolf Schlee

Roland Kaltenegger

Hauptmann
Rudolf Schlee

Vom Eichenlaubträger der Gebirgstruppe
zum Wachbataillon „Großdeutschland"

FLECHSIG

Umwelthinweis:
Dieses Buch und der Umschlag wurden auf chlorfrei
gebleichtem Papier gedruckt.
Die Einschrumpffolie – zum Schutz vor Verschmutzung –
ist aus umweltverträglichem und recyclingfähigem PE-Material.

Für das vorliegende Werk wurde Bildmaterial aus unzähligen Nachlässen
zusammengetragen. Dabei war es oft schwierig festzustellen, wer der Inhaber des
Urheberrechts ist. Sollte bei der einen oder anderen Reproduktion unwissentlich
das Coypright verletzt worden sein, so bitten Autor und Verlag,
dieses Versäumnis zu entschuldigen.
Eine Haftung des Autors oder des Verlages und seiner Beauftragten für Personen-,
Sach- und Vermögensschäden ist ausgeschlossen.

Alle Rechte vorbehalten
© 2019 Verlagshaus Würzburg GmbH & Co. KG, Würzburg
© Abbildungen „Militär- und Gebirgstruppenarchiv Kaltenegger"
Flechsig Verlag
Internet: www.verlagshaus.com
Einbandgestaltung: Silberwald Agentur für visuelle Kommunikation, Rimpar
www.silberwald.biz
Gesamtherstellung: Himmer GmbH Druckerei und Verlag, Augsburg
www.himmer.de
ISBN 978-3-8035-0121-9

Inhalt

Prolog 11

Von Ludwigshafen nach Ludwigsburg 13

Mit dem Infanterieregiment 13 im Frankreichfeldzug 15

Die Aufstellung der 4. Gebirgsdivision 20

Von Südwestdeutschland nach Südosteuropa..................................... 37

Der Jugoslawienfeldzug 38

Das Unternehmen „Barbarossa" 41

Die Grenzschlachten 43

Der Durchbruch durch die „Stalinlinie" 49

Die Umfassungsschlacht bei Podwyssokoje und Kopjenkowata 54

Die Kämpfe in der Nogaischen Steppe 75

Die Eroberung des Donezbeckens 78

Die Winterkämpfe am Mius 1941/1942 80

Über den Don zum Kaukasus.. 86

Der Kampf um den Hochkaukasus 99

Zugführer im Wachbataillon „Großdeutschland" 103

Das Attentat vom 20. Juli 1944 auf Adolf Hitler 104

Der 20. Juli 1944 in der Traditionspflege der Bundeswehr................ 125

Der Endkampf im Reichsgebiet.. 129

Sowjetische Kriegsgefangenschaft und Heimkehr 146

Hauptmann Rudolf Schlee 148

Nachwort 149

Anmerkungen 154

Prolog

Die 4. Gebirgsdivision war die einzige Gebirgsdivision der Deutschen Wehrmacht, die, abgesehen von einem kurzen Zwischenspiel auf dem Balkan in der ersten Jahreshälfte 1941, ausschließlich an der Ostfront zum Einsatz kam – und zwar vom Beginn des Unternehmens „Barbarossa" bis zu den schweren verlustreichen Rückzugskämpfen im Süden Russlands, in Rumänien, Ungarn, der Slowakei und Oberschlesien. In ihren Reihen standen Schulter an Schulter Württemberger, Badener, Bayern, Österreicher und Südtiroler.

Zu den markantesten Daten im Gefechtskalender der „Enziandivision" zählen Lemberg, Uman und der Mius, der Hoch- und Waldkaukasus, die Flaggenhissung auf dem 5.633 Meter hohen Elbrusgipfel im August 1942, Noworossijk und der Myschakoberg am Schwarzen Meer, der Kubanbrückenkopf, die Halbinsel Krim und die Nogaische Steppe, Chersson und der letzte Marsch nach Troppau und Olmütz, der für viele der bittere Weg in eine jahrelange sowjetische Kriegsgefangenschaft bedeutete.

10.800 Kilometer ist die 4. Gebirgsdivision in den Kriegsjahren 1940 bis 1945 marschiert. 10.800 Gefallene und 2.452 vermisste Kameraden musste sie auf ihrem langen und opfervollen Marschweg zurücklassen.

Während ihrer Zugehörigkeit zur 4. Gebirgsdivision oder ihrer Zuteilung zur „Division Lanz" wurde 35 Gebirgssoldaten der „Enziandivision" für außergewöhnliche militärische Leistungen auf dem Gefechtsfeld das begehrte Ritterkreuz des Eisernen Kreuzes verliehen. Neben seinem Divisionskommandeur Generalmajor Karl Eglseer und dem Oberfeldwebel Hans Köckerbauer wurde auch der Oberfeldwebel Rudolf Schlee als einer der ersten Soldaten am 23. Oktober 1941 als Führer des III. Zuges in der 6. Kompanie des Gebirgsjägerregiments 13 mit dem Ritterkreuz des Eisernen Kreuzes ausgezeichnet. In der Begründung hieß es unter anderem:

„Dem Auftrag, der Division den Vormarsch auf der Straße Pultowzy nach Winniza zu öffnen, den das Regiment durch harte, verlustreiche Kämpfe während zwei Tagen durchzuführen strebte, erfüllt Oberfeldwebel Schlee binnen einer Stunde nach Beginn des Angriffs. Überlegene, umsichtige Führung aber zeigt sein Vorstoß bis zum Südostrand von Pultowzy und die Niederkämpfung des dort sich hartnäckig mit schweren Waffen verteidigenden, überlegenen Gegners. Kampfentscheidend aber war sein Erfolg für das Regiment und die 4. Gebirgsdivision, weil die Vormarschstraße über die feindliche Schlüsselstellung Pultowzy nach Winniza wieder frei und damit die Einnahme dieser Stadt umso eher möglich war."

Darüber hinaus wurden zwei Angehörige der 4. Gebirgsdivision mit dem Eichenlaub zum Ritterkreuz des Eisernen Kreuzes ausgezeichnet. Unter ihnen befand sich an erster Stelle wiederum der Oberfeldwebel Rudolf Schlee, der am 6. April 1943 als Zugführer in der 6. Kompanie des Gebirgsjägerregiments 13 für seinen beherzten Kampfeinsatz im Kaukasus an der Bsybbrücke im Pechutal am 28. August 1942 ausgezeichnet wurde.[1]

4. Gebirgsdivision　　　　　　　　　　Divisionsgefechtstand, den 7. April 1943
Kommandeur

Tagesbefehl

Der Führer und Oberste Befehlshaber der Wehrmacht hat
Oberfeldwebel Schlee, 6./Gebirgsjägerregiment 13
als 1. Angehörigen der 4. Gebirgsdivision und 222. Soldaten
der Deutschen Wehrmacht das Eichenlaub zum Ritterkreuz verliehen.

Oberfeldwebel Schlee hat sich nach Verleihung des Ritterkreuzes zum Eisernen Kreuz bei den Kämpfen im Kaukasus als Führer seines Jägerzuges erneut durch hervorragende Tapferkeitstaten ausgezeichnet. Bei den denkwürdigen Kämpfen jenseits des Kaukasushauptkammes, dem Vorstoß auf Suchum, führten seine Entschlussfreudigkeit und persönliche Tapferkeit am 26. und 28. August 1942 zu folgenden Kampferfolgen:

- Der Feind wurde zur Räumung einer für die eigene Versorgung wichtigen Ortschaft gezwungen;
- durch Ausschalten der feindlichen Flankenbedrohung wurde ein wichtiger Nachschubweg endgültig gesichert;
- zahlreiche Russen wurden vernichtet oder gefangen genommen und wertvolle Beute an Waffen gemacht.

Am 29. Oktober 1942 übernahm Oberfeldwebel Schlee während der heldenhaften Kämpfe vor Tuapse um den Sssmachschokamm nach Verwundung seines Kompanieführers die 6. Kompanie/Gebirgsjägerregiment 13 und wurde am nächsten Tag verwundet.
　Ich beglückwünsche Oberfeldwebel Schlee zu seiner hohen Auszeichnung im Namen der ganzen Division und hoffe, dass er nach seiner Genesung wieder zu seinem Regiment zurückkehrt.

Kress

Von Ludwigshafen nach Ludwigsburg

Rudolf Schlee wurde am 10. November 1913 in Ludwigshafen, der größten Stadt der Pfalz, am Rhein gegenüber von Mannheim geboren. Erst einhundert Jahre zuvor an der Stelle der ehemaligen Rheinschanze – einem linksrheinischen Fort der Festung Mannheim – angelegt und dann durch die hier angesiedelte chemische Industrie der Badischen Anilin- und Sodafabrik, der späteren IG-Farbenindustrie, in einem atemberaubendem Tempo zu schneller Blüte gelangt.

Besonders eindrucksvoll war für Rudolf Schlee der Blick von der gewaltigen Rheinbrücke nach Norden auf die weitgedehnten Hafen- und Fabrikanlagen mit dem größten linksrheinischen Hafen und seinen fast zwanzig Kilometer langen Kaianlagen. Sehenswert sind außerdem die modernen Siedlungen, Parkanlagen und Strandbäder, der sogenannte „Pfalzbau", die neue Rheinbrücke und die moderne Friedenskirche. Die Rhein-Hardt-Bahn verbindet Ludwigshafen mit Bad Dürkheim.[2]

Am 5. April 1934 trat Rudolf Schlee nach reiflicher Überlegung in die 5. Kompanie des traditionsreichen Infanterieregiments 13 im württembergischen Ludwigsburg ein, wo er sich rasch einlebte. Das war auch kein Wunder. Denn die Stadt war voller Soldaten und neben Potsdam die größte Garnison des Deutschen Reiches, mit einer einheitlichen Barockschöpfung von 1704 bis 1733, das von Herzog Eberhard Ludwig von Württemberg nach dem Versailler Vorbild errichtet wurde.

In Ludwigsburg – einst vorwiegend eine Garnisons- und Beamtenstadt – war auch die 25. Division stationiert. Mit der 5. Division in Ulm an der Donau und der 35. Division im badischen Karlsruhe sowie der Heeresdienststelle in Freiburg/Breisgau, der 4. Panzerbrigade in Stuttgart und den Wehrersatzinspektionen Stuttgart und Ulm unterstand sie dem in der Schwabenmetropole übergeordneten V. Armeekorps des Generals der Infanterie Geyer. Die 25. Division setzte sich aus den Infanterieregimentern 13, 35 und 119, dem Maschinengewehrbataillon 55, dem Artillerieregiment 25 mit der I. und II. Abteilung des Artillerieregiments 61, der Panzerabwehrabteilung 25, dem Pionierbataillon 25, der Nachrichtenabteilung 25 und der Sanitätsabteilung 25 zusammen.[3]

Nach einer harten infanteristischen Grundausbildung wurde Rudolf Schlee am 1. Juni 1935 zum Gefreiten, ein Jahr später am 1. Juni 1936 zum Unteroffizier und nach dem Polenfeldzug am 1. November 1939 zum Feldwebel befördert. Am 4. April 1938 wurde er mit der Dienstauszeichnung IV. Klasse und am 15. März 1940 mit dem Deutschen Schutzwallehrenzeichen für seinen dortigen Einsatz ausgezeichnet.

„Es gab keinen Befehl zur einheitlichen Gestaltung der Bauten. Das Resultat war ein buntes Gemisch aller Arten und Stärken von Befestigungen. Die Truppe baute Feldstellungen, die Organisation Todt Riesenbunker mit Riesenscharten und Betonstärken von bis zu drei Metern, während die Festungsdienststellen Befestigungen nach bewährten Mustern errichteten. Für die etwa 14.000 Bunker wurden bis Kriegsbeginn zwanzig Prozent der Jahreserzeugung Deutschlands an Zement, acht Prozent an Holz und fünf Prozent an Eisen verbaut. 100.000 Festungspioniere, 350.000 Mann der Organisation Todt, dazu Arbeitsdienst und Transportorganisationen errichteten 630 Kilometer Westwall mit einem Kostenaufwand von 3,5 Milliarden Mark. Die Tiefe des Westwalls wurde noch durch den Ausbau der Luftwaffenzone West in einer Länge von etwa 600 Kilometern und in einer Tiefe bis zu 100 Kilometern mit mehreren hundert Flugabwehrkanonenstellungen erhöht. Ihre Aufgabe sollte es sein, die feindlichen Luftangriffe abzufangen, bevor sie die wichtigsten Industriegebiete erreichten."4

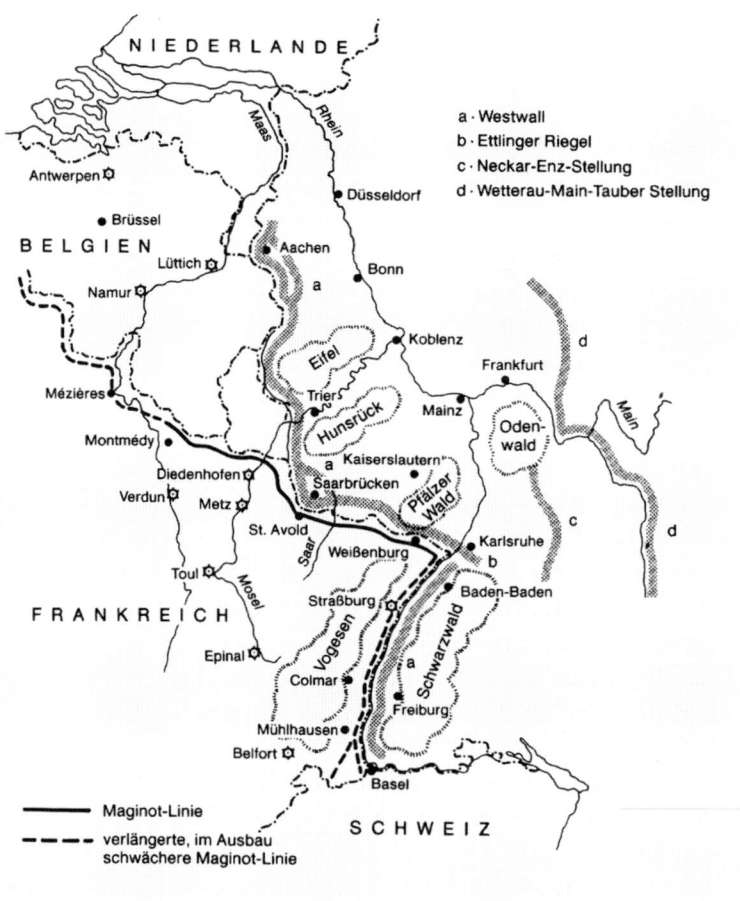

Die deutschen Westbefestigungen
(Quelle: Förster, Das Befestigungswesen, Neckargemünd 1960).

Mit dem Infanterieregiment 13
im Frankreichfeldzug

Während des Polenfeldzuges befanden sich unter dem Befehl der Heeresgruppe West des Generalobersten Wilhelm Ritter von Leeb nur 8 aktive und 26 nur zu zwei Drittel aufgefüllte Reserve- und Landwehrdivisionen an der Westfront. Diesen deutschen Verbänden standen 110 französische Divisionen unter dem Oberbefehl des Generals Gamelin gegenüber. Obwohl der deutsche Westwall, die „Siegfriedlinie", bei weitem nicht so stark ausgebaut war wie die französische „Maginotlinie", konnten sich die Franzosen zu keiner entschlossen vorgetragenen Offensive entscheiden, weil sie trotz ihrer numerischen Überlegenheit den Kampfgeist der Deutschen fürchteten.[5]

Die französische Kampfmoral sank darüber hinaus angesichts der überwältigenden deutschen Erfolge auf dem polnischen Kriegsschauplatz von Woche zu Woche. Kommunisten, Pazifisten und Agenten taten ein Übriges, um die französische Wehrkraft zu zersetzen. Doch während des rund halbjährigen Schwebezustandes wuchsen auf Seiten der deutschen Kriegsgegner die britischen Kriegsvorbereitungen. Gewaltige Mengen an Kriegsmaterial überquerten fortan den Kanal in Richtung Kontinent.

In den deutschen Angriffsplan gegen Frankreich wurden auch Holland, Belgien und Luxemburg mit einbezogen. Die Westmächte rechneten bei den deutschen Operationen mit einer Wiederholung des sogenannten „Schlieffenplanes" aus dem Ersten Weltkrieg. Der sogenannte „Mansteinplan", nach dem schließlich der Angriff im Westen ablief, unterschied sich jedoch ganz wesentlich von dem ursprünglichen deutschen Operationsplan.

Nach diesem Plan, für den sich Hitler letztlich gegen den Widerstand Franz Halders entschied, wurde der deutsche Hauptstoß – im Gegensatz zum „Schlieffenplan" – am linken Flügel unmittelbar am Ende der nördlichen „Maginotlinie" geführt, sodass die Streitkräfte des Gegners durch den „Sichelschnitt" aufgespalten wurden. Das bedeutete im Norden die Holländer und Belgier sowie die britische Expeditionsarmee unter Lord Gort und die sie unterstützenden Franzosen; im Süden die französische Hauptstreitmacht, die auf die Abwehrbereitschaft der „Maginotlinie" vertraute. Der deutsche Angriffsplan sollte 1940 mit drei Heeresgruppen folgendermaßen ablaufen:

Die mittlere Heeresgruppe A des Generalobersten Gerd von Rundstedt sollte mit der Masse der deutschen Panzerverbände die Ardennen in Südbelgien und Luxemburg überwinden und bei Sedan, wo die „Maginotlinie" von den Panzerdivisionen durchbrochen werden sollte, die Maas übersetzen. Sodann hatte sie nach Nordwesten in den Rücken der französischen Hauptstreitkräfte einzudrehen, um diese von der übrigen Front abzuschneiden. Die nördliche Heeresgruppe B des Generalobersten Fedor von

Bock sollte durch Holland und Belgien angreifen, um dadurch sowohl die holländischen und belgischen wie auch die französischen und britischen Kräfte, die dort in Erwartung des deutschen Hauptstoßes bereitstanden, zu binden.

Die südliche Heeresgruppe C des Generaloberst Wilhelm Ritter von Leeb hatte zunächst ihre bisherige Front gegenüber der „Maginotlinie" von Sedan bis zum Rhein und von hier bis zur Schweizer Grenze zu halten. Sie sollte vorerst stehenbleiben, die Kräfte des Gegners binden und sich später dem allgemeinen deutschen Angriff anschließen.

Der Feldzugsbeginn gegen die Westmächte – Fall „Gelb" genannt – wurde aus Wetter- und Rüstungsgründen mehrmals – insgesamt 29 Mal! – vom Spätherbst 1939 auf das Frühjahr 1940 verschoben. Am 9. Mai 1940 wurde der Angriff dann endgültig für den darauffolgenden Tag festgelegt, sodass um 05.35 Uhr die lang erwartete Offensive an der Westfront zwischen Luxemburg und Nimwegen unter Bedingungen begann, die für die Deutsche Wehrmacht günstig waren.

Hitler glaubte, den Feldzug in kürzester Zeit siegreich beenden zu können. Doch einer war dazu nicht bereit: Winston Churchill. Auf dem Höhepunkt der britischen Regierungskrise, als die deutschen Truppen ihren Angriff bereits entfalteten, hatte er am Abend des 10. Mai 1940 das Amt des Premierministers einer Kriegskoalition übernommen, nachdem Chamberlain unter dem Eindruck des Misserfolges im Skandinavienfeldzug und der deutschen Westoffensive zurückgetreten war. Das große Spiel um die Vorherrschaft laute von nun an: Churchill oder Hitler!

Den Hauptstoß führte die Heeresgruppe Mitte durch Südbelgien und Luxemburg gegen Sedan, wo die als uneinnehmbar geltende „Maginotlinie" rasch von den deutschen Panzerdivisionen durchbrochen werden konnte. Aus diesem Aufmarschraum überwand die 7. Division zunächst die Maas und erreichte dann den Oise-Aisne-Kanal, wo die Artilleristen und Infanteristen in den Altgewässern und Flussauen erbitterte Stellungskämpfe zu bestreiten hatten.

Die Panzergruppe von Kleist hatte mittlerweile nach Norden eingedreht und damit die französische Nordgruppe umfasst. Die britische Armee ging auf einen Brückenkopf um Dünkirchen zurück und rettete damit zehn Divisionen, weil Hitler seltsamerweise den erfolgreichen deutschen Panzerangriff anhielt. Mit der Einnahme von Dünkirchen am 4. Juni 1940 war die militärische Trennung Großbritanniens und Frankreichs vollzogen.

Am 5. Juni gab das Oberkommando der Wehrmacht einen Gesamtbericht über das Ergebnis der siegreich beendeten Schlacht in Flandern bekannt: 1.200.000 Gefangene, Waffen und Material von 75 bis 80 Divisionen wurden erbeutet oder zerstört, 3.500 Flugzeuge vernichtet. Was das Oberkommando der Wehrmacht aber verschwieg, das war die Rettung des britischen Expeditionskorps durch die Operation „Dynamo", bei der 887 Fahrzeuge über den Kanal auf die Britische Insel transportiert wurden – und zwar 338.226 Mann nach Angaben des britischen Admiralstabs beziehungsweise 336.423 Mann nach einer Verlautbarung des britischen Kriegsministeriums. Damit waren 224.585 Briten und 112.546 Franzosen der deutschen „Sichelschnittfalle" entkommen. So blieb England der wertvolle Stamm seiner qualifizierten Berufssoldaten erhalten.

Am 5. Juni 1940 hatte die zweite Phase des Westfeldzuges mit dem Fall „Rot" begonnen: die Schlacht um Frankreich. Diese Angriffe wurden gestaffelt vorgetragen: Von der Heeresgruppe B am 5. Juni gegen die sogenannte „Weygandlinie"; von der Heeresgruppe A am 9. Juni gegen die obere Aisne; von der Heeresgruppe C am 14. Juni mit der 1. Armee von Norden aus dem Saargebiet gegen die „Maginotlinie" und mit der 7. Armee von Osten über die Oberrheinlinie.

Was jetzt auf die Artilleristen und Infanteristen sowie auf die Panzertruppe zukam, das war für sie genauso wichtig wie der Übergang über den Oise-Aisne-Kanal, nämlich die Durchbruchsschlacht am Kanal und der weitere Vorstoß über die Marne und Seine zur Loire. In der ersten Phase dieser Verfolgung des zurückweichenden, sich aber immer wieder zäh verteidigenden Gegners waren drei Flussabschnitte zu überwinden: die Aisne, der Ourcq und die Marne, der Schicksalsfluss der Deutschen im Ersten Weltkrieg.

Dank der umsichtigen Planungsarbeit der Kommandierenden Generäle und der Divisionskommandeure, der sorgfältigen Vorbereitungsmaßnahmen der Regiments- und Bataillonskommandeure sowie der verschiedenen Truppenteile – insbesondere der Artillerie mit ihrer wuchtigen artilleristischen Feuerleitung und dem ungestümen Angriffsgeist der Infanteristen und Pioniere, dank all dieser kampfentscheidenden Faktoren rollte jeder der drei Angriffe mit äußerster Präzision ab.

Am 6. Juni ging der Angriff in Richtung Aisne weiter. Durst und Müdigkeit konnten jedoch den Angriffswillen der Frontsoldaten nicht brechen, die unter der drückenden Last in den ersehnten kühlenden Abend marschierten. Die Vorbereitungen für den Angriff über den Fluss liefen ähnlich ab wie jene beim Übergang über den Oise-Aisne-Kanal. In der Nacht vom 7. zum 8. Juni wurden die Vorbereitungen zum Angriff über das Wasserhindernis getroffen.

Unter dem Schirm der Artillerie wurde die Aisne nach wechselvollen Kämpfen von den Infanteristen, Pionieren, Panzeraufklärern und dem Gros der Division überschritten. Es sollte der Beginn eines unwahrscheinlichen Siegeszuges durch Frankreich werden. Jetzt wich der Gegner, nachdem er auch noch die Hiobsbotschaft vom nordfranzösischen Kriegsschauplatz erhalten hatte, auf der ganzen Linie zurück. Aus diesem Grund wurde die Verfolgung am 9. Juni wieder aufgenommen, um den stark angeschlagenen Gegner zu stellen.

Für die Deutschen wurde der Feldzug zusehends zu einem Verfolgungsrennen auf den staubigen Straßen Frankreichs. Am Abend des 9. Junis erreichten die Deutschen noch den kleinen Flusslauf des Ourcq und bereiteten den Angriff vor. In der Nacht errichteten sie einen Brückenkopf und schafften damit am anderen Tage den Übergang über den aus dem Ersten Weltkrieg bereits bekannt gewordenen Fluss. Am 12. Juni wurde das Übersetzen über die Marne befohlen. Jetzt hatte sich gewissermaßen ein deutsches Wunder an der Marne vollzogen. Die Überwindung des deutschen Schicksalsflusses war für die Truppen die Voraussetzung für den Einsatz ihrer Panzer, die nun in das Innere Frankreichs vorstoßen konnten. Der erwartete Angriff der Franzosen, die Gegenwehr wie im Ersten Weltkrieg, als sie das Kriegsglück auf ihre Seite zwingen konnten, blieb 1940 erstaunlicherweise aus.

Entgegen Hitlers Willen hatte Italien Frankreich, dessen Regierung Paris bereits verlassen hatte, am 10. Juni 1940 den Krieg erklärt, um, nachdem sich der deutsche Sieg bereits überdeutlich abzeichnete, auch noch daran beteiligt zu sein. In den Westalpen kämpften nun italienische Truppen wenig überzeugend gegen französische Verbände. Paris wurde aufgrund des unaufhaltsamen deutschen Vormarsches zur „Offenen Stadt" erklärt, um es vor der Zerstörung zu bewahren.

Die französischen Truppen zogen sich hinter die Linie von Tours – Dijon zurück. Die gegnerische Oberrhein- und Maginotfront, die noch vor ein paar Wochen für unbezwingbar gehalten wurde, schloss sich diesen Rückzugsbewegungen an. Für die deutschen Panzertruppen galt es nun, die französische Oberrheinfront vom Rücken her zu Fall zu bringen. So traten deutsche Truppen am 13. Juni zur weiteren Verfolgung des hart angeschlagenen Gegners an. Die Tage vom 13./14. bis zum 18. Juni gestalteten sich für die Truppe zu einem wahren Siegeslauf nach Süden, wenn sich auch zuweilen der demoralisierte Feind noch einmal mit einem letzten Aufbäumen zur Gegenwehr stellte.

Während am 14. Juni deutsche Truppen in Paris einmarschierten, setzte die 6. Armee ihren Sturmlauf zur Seine fort. Kampfspuren deutscher Panzer und auf Lastkraftwagen verladene französische Gefangene markierten den deutschen Vormarschweg. Trupps wurden entwaffnet und nach hinten gebracht. Ohne Zweifel, der Feind war erschüttert, sein Rückzug glich mehr einer Flucht als einer geordneten Absetzbewegung. Verwirrung auf der gesamten Linie.

In langen Kolonnen strömten die Flüchtlinge bei Tag und Nacht in das von den deutschen Truppen besetzte Gebiet. Die Zeit arbeitete sichtlich gegen Frankreich. Seine Lage war hoffnungslos geworden, nachdem die deutsche 1. Armee des Generalobersten Erwin von Witzleben die „Maginotlinie" zwischen St. Avold und Saarbrücken durchbrochen und die 7. Armee den Oberrhein bei Colmar überschritten hatte. Da die deutschen Panzer am 17. Juni bereits bei Tours und an der Schweizer Grenze standen, entschloss sich Marschall Pétain, der Sieger von Verdun, der die Regierung Reynaud abgelöst hatte, um einen Waffenstillstand nachzusuchen. Sein Gegenspieler General de Gaulle floh nach Großbritannien und etablierte dort seine Exilregierung.

Am 19. Juni 1940 wurde bekannt, dass der Feind von der Loire zurückwich. Der deutsche Wehrmachtsbericht meldete: „Deutschland wird an Frankreich die Waffen-

stillstandsbedingungen bekanntgeben, wenn die Vertreter der Nation benannt sind."
Nach Beendigung des Frankreichfeldzuges wurde der Feldwebel Rudolf Schlee für seinen tapferen Kampfeinsatz auf dem Gefechtsfeld am 8. Juni 1940 mit dem Eisernen Kreuz II. Klasse und nur zwei Monate später am 3. August 1940 mit dem Eisernen Kreuz I. Klasse ausgezeichnet. Drei Wochen später erfolgte am 25. August 1940 die Auszeichnung mit dem Infanteriesturmabzeichen.

Das Truppenkennzeichen der 4. Gebirgsdivision und deren Einsatzgebiete im Zweiten Weltkrieg.

Die Aufstellung der 4. Gebirgsdivision

Großbritannien erwies sich trotz des deutschen „Blitzkrieges" und „Blitzsieges" während des Westfeldzuges weiterhin als der unangreifbare Gegner, nachdem Hitler dem britischen Expeditionskorps durch seinen rätselhaften Haltebefehl die Evakuierung bei Dünkirchen durch die Operation „Dynamo" ermöglicht und nachdem man auch das Unternehmen „Seelöwe", also die Landung der Deutschen auf den Britischen Inseln, aufgrund der nicht erreichten Luftherrschaft über dem Kanal aufgegeben hatte, obwohl die Deutsche Wehrmacht die europäische Atlantikküste vom Nordkap bis zu den Pyrenäen in ihre Gewalt gebracht hatte.

Aber solange Großbritannien, das sich in jener Zeit an der Zähigkeit und Standhaftigkeit seines Regierungschefs Winston Churchill aufrichtete, keinen Verständigungsfrieden mit dem Großdeutschen Reich signalisierte, ging der Krieg unvermindert weiter; ein Krieg, der immer größere Anstrengungen und immer mehr Divisionen erforderte. Und hier beginnt nun die Kriegschronik der 4. Gebirgsdivision unter dem Generalmajor Karl Eglseer und dem unterstellten Gebirgsjägerregiment 13.[6]

Die 5. Gebirgsdivision des Generals Julius Ringel und die 4. Gebirgsdivision haben eines gemeinsam – und zwar zwei Geburtstage; das heißt, sie wurden gleich zweimal geplant beziehungsweise waren im Begriff, aufgestellt zu werden. Als erste Aufstellungstermine der 4. und 5. Gebirgsdivision waren die Monate April und Mai des Jahres 1940 vorgesehen. Die Aufstellung der beiden neuen Gebirgsdivisionen erfolgte dann aber erst endgültig im Oktober 1940.[7]

Ein rauer Westwind wehte über die von Wacholderbüschen bewachsenen Heideflächen der Schwäbischen Alb, als zwischen dem 23. und 25. Oktober 1940 auf dem Truppenübungsplatz Heuberg und in den umliegenden Städten und Dörfern mit der Aufstellung der 4. Gebirgsdivision begonnen wurde. Besonders hektisch ging es dabei in Ebingen – einem Wirtschaftszentrum der Südwestalb – zu, wo sich das Divisionskommando, das aus dem Divisionsstab zur besonderen Verwendung 412 hervorging, befand. Fahrzeuge fuhren vor und wieder weg. Offiziere und deren Helfer kamen und gingen, um die Befehle des Divisionskommandeurs Eglseer und seines 1. Generalstabsoffiziers (I a), Major im Generalstab Otto Schaefer, entgegenzunehmen und sie schließlich bearbeitet an die unterstellten Truppenteile weiterzugeben. Um den Divisionsstab herum wuchs die „Vierte" trotz mancherlei Widrigkeiten nun zusehends zu einer Gebirgsdivision heran.

Das Gebirgsjägerregiment 13 wurde aus dem I. bis II. Bataillon des Ludwigsburger Infanterieregiments 13, das der traditionsreichen 25. Infanteriedivision mit seinem Divisionsstab in Ludwigsburg entrissen wurde, gebildet. Das Gebirgsjägerregiment 91, die zweite Säule der 4. Gebirgsdivision, entstand aus dem I. bis III. Bataillon des Infanterieregiments 91 (Kempten und Lindau am Bodensee) der 27. Infanteriedivision mit seinem Divisionsstab in Augsburg. Das Gebirgsartillerieregiment 94 wurde in die Abteilungen I. bis IV. gegliedert, wobei die I. Abteilung des Gebirgsartillerieregiments 94 aus der I. Abteilung des Gebirgsartillerieregiments 25 in Ludwigsburg, die III. Abteilung des Gebirgsartillerieregiments 94 aus der III. Abteilung des Artillerieregiments 27 in Kempten entstand.

Um diese drei Regimentssäulen – die Gebirgsjägerregimenter 13 und 91 und das Gebirgsartillerieregiment 94 – gruppierten sich dann die anderen Divisionseinheiten: Die Gebirgsaufklärungsabteilung 94, die Gebirgspanzerjägerabteilung 94, das Gebirgspionierbataillon 94, die Gebirgsnachrichtenabteilung 94 und das Feldersatzbataillon 94, das während des Krieges „auf kaltem Wege" in ein Kampfbataillon mit der Bezeichnung Gebirgsjägerbataillon 94 umgegliedert wurde, sowie die Divisions- und Versorgungseinheiten, die allesamt die Nummer 94 trugen. Es waren dies das Nachschubbataillon, der Divisionsnachschubtrupp, die Fahrkolonne, die Kraftwagenkolonne, die Kraftfahrkompanie, die Kraftwagenwerkstattkompanie, die Feldzeugkompanie, das Verpflegungsamt, die Bäckereikompanie, die Schlächtereikompanie, das Feldpostamt, der Kraftwagenzug, die Sanitätskompanie und das Feldlazarett.

Auf dem Truppenübungsplatz Heuberg und im Raum Balingen, Ebingen und Tailfingen wurde den Jägern von ihren Einheitsführern das Edelweißabzeichen, die Bergmütze und die Nagelschuhe als für Jedermann sichtbare Bestandteile der elitären Gebirgstruppe ausgehändigt. Das stimmte sogar die Angehörigen der traditionsreichen Infanterieregimenter versöhnlich.

Doch die Schwierigkeiten, die die Bataillonskommandeure und ihre Unterführer zunächst zu überwinden hatten, begannen schon damit, dass die „Vierte" voll gebirgstauglich zu sein hatte. Das setzte – notabene – gebirgserfahrene oder zumindest mit dem Gebirge und seinen Tücken vertraute Dienstgrade und Mannschaften voraus. Aber der überwiegende Teil des Personals der für die Aufstellung übernommenen Regimenter und anderen Truppenteile, insbesondere aber die in Aufstellung begriffenen Bataillone, Abteilungen und Kompanien setzten sich aus Soldaten zusammen, die wenig oder – was noch schlimmer war – überhaupt keine Beziehung zu den Bergen hatten.

„Daher war es von Anfang an das Bemühen der Division, ihre notwendige Auffüllung und den Ersatz grundsätzlich aus den Ersatztruppenteilen der Gebirgstruppen zu erhalten", schrieb Generalleutnant Julius Braun. „Etwa 4/5 der Division bestanden aus Bayern und Schwaben, dazu kam ein größerer Prozentsatz Österreicher, der Rest aus fast allen Teilen Deutschlands. Der Wunsch der Division ging deshalb auch dahin, auf Ersatztruppenteile der 1. Gebirgsdivision im Wehrkreis VII (München) angewiesen zu werden. Leider bedurfte es erheblicher Kämpfe und ebenso vieler Geduld, bis dieses Ziel erreicht wurde. Dann erst, nachdem der Bedarf der ebenfalls neu aufgestellten 97. leichten Division (später 97. Jägerdivision) befriedigt worden war, öffneten sich die Tore der Gebirgsersatztruppenteile des Wehrkreises VII auch für uns, mit der Aufgabe, den restlichen Fehlbestand zu decken, den der Wehrkreis V noch nicht gestellt hatte. Auch aus den Führerreserven der Wehrkreise VII und XVIII (Salzburg) strömten wertvolle Kräfte in die Reihen der Division."[8]

Kaum hatten die Führer und Unterführer diese personellen Probleme gelöst, kamen bereits neue auf sie zu. Bekleidung, Ausrüstung, Waffen und Gerät kamen anfangs nur sehr schleppend zu den jeweiligen Divisionseinheiten und verzögerten damit teilweise die Ausbildung. Es ist bezeichnend, dass ein nicht unerheblicher Bestand an Waffen, Gerät und Ersatzteilen erst bei der 4. Gebirgsdivision eintraf, als diese bereits für den Abtransport zum unruhig gewordenen Balkan verladen wurde.

Das allein war schon ärgerlich; geradezu verhängnisvoll wirkten sich aber später jene materiellen Lücken aus, die erst gar nicht mehr geschlossen werden konnten. Wie gut, dass wenigstens die Tragtiere, die treuen Helfer, Begleiter und zuweilen auch stummen „Beichtväter" der Gebirgstruppe, noch rechtzeitig eintrafen. Ihnen konnte mancher Gebirgsjäger in den Tagen der Improvisation sein Leid klagen, ohne dass er deshalb von seinen Vorgesetzten für nicht druckreife Aussprüche und ketzerische Gedanken gemaßregelt worden wäre.

Nun stand der Divisionskommandeur mit seinen Führern und Unterführern vor der Aufgabe, aus der eilig aufgestellten 4. Gebirgsdivision, die sich als taktisches Truppenkennzeichen den blauen Enzian auserkoren hatte, eine schlagkräftige und leistungsfähige Gebirgsdivision zu formen, die sich in naher Zukunft im Krieg bewähren sollte. Neben der Einzel- und Gefechtsausbildung, neben häufigen Planspielen und Übungen wurde dabei das Hauptaugenmerk auf die „Truppenführung" gelegt, die in der überaus bedeutungsvollen Heeresdienstvorschrift 300/1 schriftlich festgelegt war. Sie wurde aufgrund der Abkürzung „TF" von den Soldaten aller Dienstgrade nicht selten scherzhaft „Tante Frieda" genannt.

Das Truppenkennzeichen der 4. Gebirgsdivision.

*Der Ritterkreuzträger
Rudolf Schlee.*

*Ludwigsburg war die Garnison des traditionsreichen Infanterieregiments 13.
Das Foto zeigt das Ludwigsburger Schloss.*

Das Offizierskorps des württembergischen Infanterieregiments 13 im Jahre 1930 auf dem Marktplatz von Schwäbisch Gmünd.

Vorbeimarsch der Fahnenkompanie des Infanterieregiments 13 während der Rekrutenvereidigung im Herbst 1936 in Ludwigsburg.

*Heldengedenktag des Infanterieregiments 13
am 12. März 1933 in Ludwigsburg.*

*Vorbeimarsch
des Infanterieregiments 13.*

Wachkompanie des Infanterieregiments 13 im Jahre 1934 in Berlin.

*General Karl Eglseer
als Schöpfer und erster Kommandeur der 4. Gebirgsdivision.*

*Die Schwäbische Alb,
das Aufstellungsgebiet der 4. Gebirgsdivision.*

*Rudolf Schlee und seine Kameraden
während seiner Rekrutenzeit.*

Erinnerungsstücke aus der Dienstzeit bei der 4. Gebirgsdivision.

DIE 4. GEBIRGSDIVISION

GEBIRGSJÄGER - REGIMENT 13
GEBIRGSJÄGER - REGIMENT 91
GEBIRGS - ARTILLERIE - REGIMENT 94
GEBIRGS - AUFKLÄRUNGS - ABTEILUNG 94
GEBIRGS - PANZERJÄGER - ABTEILUNG 94
GEBIRGS - PIONIER - ABTEILUNG 94
GEBIRGS - NACHRICHTEN - ABTEILUNG 94
GEBIRGS - JÄGER - BATAILLON (FELD - ERSATZ -
BATAILLON 94) DIVISIONS - NACHSCH.- TR. 94
WURDEN VOM 25.10.1940 BIS 20.3.1941 IM RAUME BALINGEN-
EBINGEN - TAILFINGEN - TRUPPENÜBUNGSPLATZ HEUBERG
AUFGESTELLT.
SIE KÄMPFTE IN JUGOSLAWIEN UND IN SÜD-RUSSLAND.
SIE STAND AM 21.8.1942 AUF DEM 5633 m HOHEN ELBRUS
IM KAUKASUS. SIE KÄMPFTE AM KUBAN UND AUF DER KRIM,
IN RUMÄNIEN, UNGARN UND IN DER SLOWAKEI.
10 800 km IST DIE ENZIAN-DIVISION MARSCHIERT.
10 800 GEFALLENE UND 2452 VERMISSTE KAMERADEN AUS
WÜRTTEMBERG, BADEN, BAYERN, ÖSTERREICH U. SÜDTIROL
MUSSTE SIE AUF IHREM MARSCHWEG ZURÜCKLASSEN.

DIE TOTEN VERPFLICHTEN DIE LEBENDEN!

DIE HEIMGEKEHRTEN KAMERADEN DER
ENZIAN-DIVISION

Die Erinnerungstafel der 4. Gebirgsdivision auf dem Gedenkstein auf dem Lochhörnle bei Balingen.

*Abschied von den Angehörigen
bei der Truppenverladung in Balingen.*

*Truppentransport per Bahn
Richtung Front.*

Um Zigaretten bettelnde Personen in Jugoslawien.

Vormarschstraße während des Jugoslawienfeldzuges.

*Der Tross auf dem Vormarsch
nach Nisch (Niš).*

*Wegweiser auf dem jugoslawischen Kriegsschauplatz 1941:
Stuttgart ist etwa 1.953 Kilometer entfernt …*

*… Belgrad liegt dagegen mit 60 Kilometern
nicht weit entfernt.*

Von Südwestdeutschland nach Südosteuropa

Die Hoffnungen Hitlers, den Krieg 1940 durch einen Sieg über Großbritannien im Westen zu beenden, hatten sich nicht erfüllt. Schon zogen neue, schwere Gewitterwolken aus dem Südosten am europäischen Himmel auf, die auf eine Ausweitung des Krieges hindeuteten. Denn während der Führer und Reichskanzler 1940 noch nach politischen und militärischen Verbündeten Ausschau gehalten hatte, eröffnete Mussolini auf eigene Faust von Albanien aus einen Angriff auf Griechenland, was keineswegs seinen Wünschen und Plänen entsprach. Vielmehr versuchte der gekränkte Duce sein bereits arg angekratztes Prestige mit einem siegreich geführten Feldzug auf dem südosteuropäischen Kriegsschauplatz aufzupolieren, weil die deutschen Erfolge in Polen, Frankreich und Norwegen sowie die militärische und wirtschaftliche Durchdringung Rumäniens durch das Großdeutsche Reich ihn nicht mehr ruhen ließen.

Benito Mussolini, der das Mittelmeer als „Mare Nostrum", als unser Meer betrachtete, strebte für Italien eine Art Mittelmeerhegemonialmacht nach dem Vorbild des Römischen Reiches an. Doch die Italiener konnten sich gegen die Griechen nicht durchsetzen. Vielmehr drangen diese im Winter 1940/1941 siegreich in das italienisch besetzte Albanien vor. Als es dann noch in Jugoslawien zu einem Sturz der deutschfreundlichen Regierung kam, griff die Wehrmacht mit ihren überlegenen Panzer- und Infanterieverbänden Jugoslawien und Griechenland gleichzeitig an. In einem „Blitzkrieg" à la West- und Skandinavienfeldzug, der mit einer „Präzision und Sicherheit ohnegleichen abrollte"[9], wurden beide Länder – unter anderem auch von der neu aufgestellten 4. Gebirgsdivision – besiegt.

Es war zwischen dem 20. und 25. März 1941, als die einzelnen Truppenteile der „Vierten" mit insgesamt rund 70 Zügen von der Schwäbischen Alb auf den Balkan verlegt wurden. Damit hieß es für den Feldwebel Rudolf Schlee und seine Gebirgsjägerkameraden nach einer mehr als halbjährlichen Aufstellungs- und Ausbildungszeit Abschied zu nehmen von einer Landschaft und von Menschen, die ihnen ans Herz gewachsen waren. Sehnsüchtig sahen sie, nachdem sie Ausrüstung, Waffen und Gerät verladen hatten, aus den Fenstern der Eisenbahnabteile. Die vertraut gewordenen Ortschaften und Städte, in denen sie ihr Quartier bezogen hatten, wurden, als sich die Transportzüge in Bewegung setzten, immer kleiner, bis sie den Blicken der Soldaten ganz entschwanden …

Der Jugoslawienfeldzug

Die italienischen Truppen, die am 28. Oktober 1940 Griechenland ohne Einverständnis mit den deutschen Bundesgenossen angegriffen hatten, haben sich dabei keineswegs mit Ruhm bedeckt. Vielmehr leisteten die Griechen erfolgreichen Widerstand. Ja, es gelang ihnen sogar, im Winterfeldzug 1940/1941 einen Teil von Albanien, das die Italiener bereits 1939 annektiert hatten, zu erobern. Gleichzeitig landeten britische Truppen auf Kreta und auf dem griechischen Festland. Durch den unglückseligen italienischen Angriff auf die Hellenenhalbinsel und durch die britischen Truppenanlandungen war die gesamte Mächtekonstellation auf dem Balkan mit einem Schlage aus dem Gleichgewicht geraten.

Die deutsche Position wurde somit in politischer, wirtschaftlicher wie auch in militärischer Hinsicht vom Südosten her plötzlich empfindlich bedroht. Aus diesem Grund entschloss sich Hitler zu einem raschen Eingreifen. Mit Bulgarien und Jugoslawien wurde Ende März 1941 ein Vertrag abgeschlossen, der dem Großdeutschen Reich das Recht einräumte, seine Truppen im Spannungsfall durch das Gebiet dieser beiden Balkanstaaten marschieren zu lassen.

Aber unmittelbar darauf wurde am 27. März 1941 die achsenfreundliche Regierung Jugoslawiens durch einen Putsch englandhöriger Offiziere gestürzt; der deutschfreundliche Prinzregent Paul, der für den unmündigen jugoslawischen König Peter II. die Regierung führte, zur Abdankung gezwungen und der Beitritt zum Dreimächtepakt, dem auch Ungarn, Rumänien und die Slowakei beigetreten waren, widerrufen. Dieser Umsturz hatte bei den Westmächten eine Welle der Begeisterung ausgelöst. Wieder bemühten sich Großbritannien und die USA, die Jugoslawen für eine Balkanfront zu gewinnen und jede Zusammenarbeit mit dem Großdeutschen Reich strikt abzulehnen. Doch Hitler war nicht gewillt, die deutschen Positionen auf dem Balkan ganz zu verspielen. Vor vollendete Tatsachen gestellt, entschloss er sich daher zum gleichzeitigen Angriff auf Griechenland und Jugoslawien. Das militärpolitische Gleichgewicht auf dem Balkan sollte durch die Operation „Marita", die die Besetzung Jugoslawiens und die Schaffung eines unabhängigen kroatischen Staates zum Ziele hatte, wiederhergestellt werden.

Am 5. und 6. April 1941 war die 4. Gebirgsdivision mit Hilfe von 600 durch Vermittlung eines bulgarischen Divisionskommandeurs zugestellten Zugochsen und unter Heranziehung der eigenen Zugmaschinen zum Schleppen der Bespannfahrzeuge über Kneza und Vraca über den 1.418 Meter hohen Petrohanpass marschiert, um gegen die griechische „Metaxaslinie" anzutreten. Der Angriff wurde jedoch plötzlich abgeblasen. Stattdessen ging es nun gegen Jugoslawien.

Im weiteren Verlauf der Operation war das vereiste Höhengelände bei Pirot zu überschreiten. Das II. Gebirgsjägerbataillon, das am 4. April vorübergehend aus dem Gebirgsjägerregiment 13 ausgeschieden und unmittelbar dem XIV. Armeekorps unterstellt worden war, wurde auf die Höhen, die sich südlich der Straße erstrecken, angesetzt, während die Masse der 4. Gebirgsdivision das zerklüftete Gelände nördlich der Straße zu öffnen hatte. Obwohl Heckenschützen immer wieder die Gebirgssoldaten zu größter Wachsamkeit zwangen, ging der Vormarsch der Verbände zügig voran. Dabei wurden alle Transportmöglichkeiten, die die Straßen zuließen, von den Kettenfahrzeugen über die Kraftfahrzeuge und Fahrräder bis hin zu den Tragtieren ausgenutzt.

In einer wahren Blitzoperation durchbrachen die Gebirgsjägerregimenter 13 und 91 sowie die Gebirgsaufklärungsabteilung 94 nach einem kurzen Feuerüberfall die feindlichen Grenzlinien. Slatina und der 1.900 Meter hohe Dobro Jutro, der von der „Kampfgruppe Stettner" erobert wurde, befanden sich bald in der Hand der Gebirgsjäger, die jetzt, da die Fahrzeuge in dem unwegsamen Gelände nicht folgen konnten, nur noch von den Tragtierstaffeln unterstützt den langsam aber unaufhaltsam zurückweichenden Feind überall dort warfen, wo sie auf ihn stießen.

Zottelig und unermüdlich stapften die Muli schwerbepackt durch die Täler und über die Berge. Im Gebirge wehte zwar ein eisiger Schneesturm, aber auch er konnte die Gebirgssoldaten nicht davon abhalten, hinab nach Pirot zu stürmen. Obwohl die Heckenschützen den Feldwebel Rudolf Schlee und seine Kameraden mehrfach in arge Bedrängnis brachten, zogen sie ungestüm weiter in Richtung Nis, das sich in einem von Neuschnee bedeckten Bergkranz zeigte. Doch dieses Wintermärchen trog. Denn am Stadtrand von Nis sah man noch unverwischte Spuren des Kampfes, der hier stattgefunden hatte. Wo der angeschlagene Gegner noch verzweifelten Widerstand geleistet hatte, waren nur mehr die Trümmer eines geschlagenen Feindes zurückgeblieben.

Es war am 17. April, man begann gerade damit, den Raum Paracin zu säubern, als Generalmajor Karl Eglseer das Waffenstillstandsangebot der serbischen Armee aus seinem Funkwagen erfuhr. Die Kampfhandlungen waren damit in Serbien beendet. An jenem denkwürdigen Tage wurde in Belgrad die bedingungslose Kapitulation der gesamten jugoslawischen Armee unterzeichnet. Nicht weniger als 344.000 Jugoslawen marschierten in die deutsche Kriegsgefangenschaft.

Bereits zwölf Tage nach Beginn des gemeinsamen deutsch-ungarisch-italienischen Angriffs auf dem Balkan war der Kampf gegen Jugoslawien beendet. Weitere zwölf Tage später, am 30. April, wurden die letzten griechischen und britischen Truppen auf dem griechischen Festland vertrieben oder gefangen genommen. Aber ein Ende des Krieges war dennoch nicht in Sicht. Kreta und Nordafrika hießen die weiteren Kriegsschauplätze, die keine Friedensgedanken aufkommen ließen.

Das Landsknechtleben der „Vierten" normalisierte sich wieder. Rudolf Schlee und seine Kameraden konnten die längst fällige Körperpflege nachholen. Die Ausrüstung und Waffen wurden gereinigt. In den Flüssen erfolgte eine Fahrzeug- und Gerätereinigung, um für kommende Aufgaben gerüstet zu sein. Sogar die Ausbildung kam nicht zu kurz. Es war Anfang Juni 1941. Schon reiften die Kirschen an den Bäumen, doch aus der erhofften Ernte wurde nichts mehr. Denn die Weichen waren für die 4. Gebirgsdivision bereits anders gestellt worden. Daher rückte Rudolf Schlee mit der „Vierten" ab, nachdem Vorkommandos der 714. Infanteriedivision die Sicherungsaufgaben in ihren Besatzungsräumen übernommen hatten. Auf ihrem Marschweg tangierte die „Enziandivision" auch Belgrad.

Die jugoslawische Hauptstadt hinterließ einen trostlosen Eindruck, da deutsche Stukas sie in einer Operation, die den Decknamen „Vergeltung" trug, zwischen dem 6. und 8. April 1941 teilweise schwer zerstört hatten. Die Fabriken der Rüstungsindustrie waren planmäßig von deutschen Bombern getroffen worden. Ganze Häuserblocks waren den Fliegerangriffen zum Opfer gefallen. Rund 17.000 Einwohner lagen tot unter den Trümmern begraben und zahlreiche Kirchen lagen in Schutt und Asche. Mit diesen Eindrücken der Zerstörung passierte der Divisionskommandeur mit seinen „Blumenteufeln" die Kriegsbrücke über die Donau und fuhr einem neuen Ziel entgegen.

Gespannt verfolgten Führer und Unterführer die Fahrtrichtung. Wurde ein Bahnhof passiert, dann drückte man sich an das Fenster, um den Namen der Bahnstation zu erfahren. Und wie immer, wenn Soldaten in ein unbekanntes Kriegsgebiet verlegt werden, gingen schon bald die ersten „Latrinenparolen" in der Truppe um. Was lag bei den meisten näher, nachdem der Jugoslawienfeldzug beendet war, als der verlockende Gedanke: Es geht heimwärts! Doch Recht sollten letztlich wieder einmal die Skeptiker behalten. Als nämlich die Fahrt plötzlich nordwärts ging, wurden die Mienen derjenigen, die bereits im Geiste Urlaubspläne mit den Angehörigen in der Heimat geschmiedet hatten, lang und länger.

Bei Arad kreuzte die „Enziandivision" wieder ihren alten Marschweg und rollte, nachdem sie das rumänische Staatsgebiet verlassen hatte, längere Zeit durch Ungarn. Humenne, im östlichen Teil der Slowakei gelegen, war das Ziel des Bahntransportes. Von hier sollte es im Fußmarsch in das damalige Generalgouvernement gehen. Die reizvolle, leicht hügelige Landschaft weckte bei vielen Erinnerungen an die Schwäbische Alb. Obwohl sich die Gebirgsjäger schnell in den zugewiesenen Quartieren eingelebt hatten, blieb die Stimmung der Truppe dennoch ernst und angespannt. Zu hektisch und auffällig waren die Aktivitäten um sie herum. Die Kradfahrer fuhren auf den slowakischen Straßen hin und her. Bei den Stäben herrschte eine rege Betriebsamkeit. Eine Meldung jagte die andere. Gerüchte verbreiteten sich in Windeseile. Es musste, so orakelten viele, etwas Gewaltiges im Gange sein. Denn vor einem kleinen Auftritt macht man keinen so großen Theaterdonner!

Das Unternehmen „Barbarossa"

Mit der „Weisung Nr. 21 Fall Barbarossa" war der Befehl zum Russlandfeldzug gegeben. In seinem „unerschütterlichen Glauben" an die Schlagkraft der Deutschen Wehrmacht und an die Richtigkeit seiner Entscheidung befahl Hitler am 30. April 1941 den Angriff auf die Sowjetunion zum 22. Juni 1941, um 03.15 Uhr früh. Im Einzelnen vollzog sich der deutsche Angriff im Osten, in den auch der Feldwebel Rudolf Schlee mit der 4. Gebirgsdivision einbezogen wurde, in folgenden Etappen:

Bis zum 20. Juli 1940 waren im Osten 23 Divisionen vorhanden; am 7. Oktober waren es 30. Am 26. Oktober erfolgte die Neugliederung des Heeres. Am 21. Dezember waren im Osten 34 Divisionen einsatzbereit; im Februar bis April 1941 die 1. bis 2. Aufmarschstaffel mit 103 Divisionen und bis zum 20. Mai 1941 in der 3. Aufmarschstaffel 120 Divisionen. Mitte Mai begann die Verlegung der deutschen Luftstreitkräfte vom Westen in den Osten. Bis zum 2. Juni 1941 waren im Osten 129 Divisionen aufmarschiert. Vom 3. bis 23. Juni 1941 erfolgte die Zuführung von 12 Panzer- und 12 motorisierten Divisionen. Das entsprach 75 Prozent des Feldheeres.

Wie ging nun der Aufmarsch im Ostfeldzug vor sich und welche Operationsziele verfolgten beide Seiten? Im Rahmen dieser zeitgeschichtlichen Biografie interessiert uns vor allem der Aufmarsch der deutschen und sowjetischen Truppen im Südabschnitt der Ostfront, wo die 4. Gebirgsdivision mit dem Eichenlaubträger Rudolf Schlee während des gesamten Russlandfeldzuges vom siegreichen Vormarsch bis zu den verlustreichen Rückzugsgefechten und ihrem bitteren Ende im böhmischen Hexenkessel eingesetzt gewesen war.

Die deutsche Heeresgruppe Süd stand unter dem Oberbefehl des Generalfeldmarschalls Gerd von Rundstedt mit der 11., 17. und 6. Armee, der Panzergruppe 1, der 3. und 4. rumänischen Armee mit 32 Infanterie-, 5 Panzer- und 4 motorisierten deutschen Divisionen sowie 16 rumänischen Divisionen. Die Heeresgruppe Süd, die durch die Luftflotte 4 des Generalobersten Alexander Löhr unterstützt wurde, hatte den Auftrag, den Schutz der rechten Heeresflanke mit der 11. Armee und rumänischen Truppen sicherzustellen und den Angriff aus dem Raum Lublin in Richtung Kiew mit der 17. und 6. Armee vorzutragen. Dabei sollten Panzerkeile der Panzergruppe 1 vorauseilen, um den Feind abzuschneiden, einzukesseln und entlang des Dnjepr aufzurollen.

Die sowjetische Heeresfront „Südwest" stand unter dem Oberbefehl von Marschall Budjonny mit einer Gruppe von 11 Schützen-, 1 Kavallerie-, 2 Panzer- und 7 motorisierten Divisionen zwischen dem Pruth und Dnjestr; mit einer zweiten Gruppe von 27 Schützen-, 17 Kavallerie-, 3 Panzer- und 4 motorisierten Divisionen dahinter bis zum Slutsch; mit einer dritten Gruppe von 12 Schützen-, 3 Kavallerie-, 1 Panzer- und 3 motorisierten Divisionen zwischen dem Slutsch und Bug. Der Auftrag der

Heeresfront „Südwest" lautete: zunächst Abwehr. Weitere Maßnahmen waren dann entsprechend der sich ergebenden operativen Lage zu treffen.

Die Rote Armee sollte sich also an der gesamten Ostfront zunächst defensiv verhalten. Das Prinzip der sowjetischen Verteidigung bestand darin, Raum aufzugeben, um Zeit zu gewinnen und gleichzeitig die deutschen Truppen immer tiefer in den gewaltigen russischen Raum hineinzuziehen. Die Weite und Tiefe des Raumes sollte – wie einst die Franzosen im napoleonischen Russlandfeldzug! – so auch die Deutschen zermürben, aufsaugen und schließlich verschlingen.

Endziel des deutschen Angriffsplanes war es dagegen, „Sowjetrussland in einem schnellen Feldzug niederzuwerfen." Allgemein rechnete die deutsche Wehrmachtsführung mit einem Feldzug von drei bis fünf Monaten, um den Krieg noch vor Einbruch des russischen Winters und vor dem Wirksamwerden der umfangreichen alliierten Pacht- und Leihgesetzlieferungen zugunsten des Großdeutschen Reiches zu beenden.[10]

Die Regimenter und Bataillone der 4. Gebirgsdivision – noch dem Generalkommando des XXXXIV. Armeekorps unterstellt – lagen in ihren Bereitstellungsräumen, nachdem sie in mühevollen Tages- und Nachtmärschen vom Ausladebahnhof Humenne über den Duklapass in die Gegend von Rzeszow vorgezogen worden waren. Das geschah teilweise in vier Fuß- und drei motorisierten Marschkolonnen, die der 100. leichten Infanteriedivision in Richtung deutsch-sowjetische Demarkationslinie folgten.[11] Zur Verstärkung der Grenzsicherung hatte die „Enziandivision" die IV. Abteilung des Gebirgsartillerieregiments 94 und die Gebirgspanzerjägerabteilung 94 vorübergehend dem Generalkommando des LII. Armeekorps zu unterstellen.

Angespannt lagen die Landser in ihren Bereitstellungsräumen und harrten der Dinge, die da kommen sollten. Und wie immer, wenn sie einem ungewissen Einsatz entgegensahen, liefen schon bald die absonderlichsten „Latrinengerüchte" von Einheit zu Einheit. „Nur Grenzsicherung im Osten", meinten die unverbesserlichen Optimisten und spielten weiter ihre Karten, als ginge sie der ganze unheimliche Aufmarsch, der sich da vor ihnen vollzog, nichts an. „Krieg gegen Stalin", raunten dagegen die ewigen Pessimisten hinter vorgehaltener Hand.

Die Grenzschlachten

Aber allzu lange brauchte der Feldwebel Rudolf Schlee sich mit seinen Kameraden nicht mehr den Kopf zu zerbrechen, wohin sie das launische Soldatenschicksal nun bringen würde. Denn die militärische Geschäftigkeit steigerte sich von Tag zu Tag so sehr, dass auch der Letzte begriff, dass ein neuer Waffengang bevorstand. Karten und Merkblätter, die sich ausschließlich mit Russland befassten, wurden an die Truppe ausgegeben.

Es war am Nachmittag des 21. Junis 1941, als der 1. Generalstabsoffizier des XXXXIV. Armeekorps an Generalmajor Karl Eglseer durchgab, dass der Angriff gegen die Sowjetunion am kommenden Tag, es war ein Sonntag, um 03.30 Uhr beginnen werde. Damit hatte sich der Schleier des streng gehüteten Geheimnisses endgültig gelüftet. Das Unternehmen „Barbarossa" nahm von nun an seinen verhängnisvollen Lauf.

Unter dem 21. Juni 1941 finden wir im „Kriegstagebuch des Oberkommandos der Wehrmacht" folgende Eintragung: „OKW gibt in der Nacht 20./21. Juni das Stichwort ‚Dortmund' durch. Damit ist der Angriffsbeginn endgültig für den 22. Juni befohlen. Der Befehl wird an die Heeresgruppen weitergeleitet. Das Aufschließen in die Bereitstellungsräume verläuft planmäßig."[12]

„Auf geht's – packen wir's an!" lautete die Parole für die Kommandeure der 4. Gebirgsdivision, die am 23. Juni 1941 marschtechnisch und ab 25. Juni endgültig für über 1 ½ Jahre dem Generalkommando des XXXXIX. Gebirgsarmeekorps des Generals der Infanterie, später der Gebirgstruppe Ludwig Kübler unterstellt wurde. Von nun an marschierte sie neben ihrer Schwesterdivision, der 1. Gebirgsdivision, über Monate hinweg von Lemberg durch Südrussland bis zum Kaukasus und in den Kubanbrückenkopf gemeinsam Richtung Osten. Da die „Vierte" vor Beginn des Russlandfeldzuges als Reserve des Oberkommandos des Heeres weitab hinter dem eigentlichen Aufmarschraum lag, stand Rudolf Schlee am ersten Tag des Unternehmens „Barbarossa" auch nicht gleich im Brennpunkt der Einleitungskämpfe und Grenzschlachten.

Der Heeresgruppe Süd war die 4. Gebirgsdivision im Verband der 17. Armee des Generals der Infanterie von Stülpnagel unterstellt. Hier bewegte sie sich im Rahmen des XXXIX. Gebirgsarmeekorps mit der 1. Gebirgsdivision sowie der 68. und 257. Infanteriedivision in Richtung Lemberg. Es war am 26. Juni, als Generalmajor Eglseer vom Korps den Befehl erhielt, die bereits stark angeschlagene 68. Infanteriedivision, die in den ersten Angriffstagen die ganze Wucht des sowjetischen Gegners voll zu spüren bekommen hatte, in ihrer vordersten Linie im Raum um Jaworow abzulösen. Er sollte nun zusammen mit der 257. Infanteriedivision den Schutz der tiefen Südflanke der „Edelweißdivision" übernehmen und dann die Seenenge bei Dobrastany und

Kamienobród durchbrechen. Die Ablösung der beiden Divisionen verlief reibungslos und vom Feind, der sich nun unter dem Schutz starker Nachhuten ostwärts zurückzog, unbemerkt.

Aber jetzt, wo sich die Gebirgsjäger Lemberg näherten, zeigte der russische Bär zum ersten Male der 4. Gebirgsdivision seine starken Tatzen. Nachdem es der Feldwebel Rudolf Schlee und seine Kameraden gerade noch geschafft hatten, bis in die Seenenge von Kamienobród vorzudringen, lief sich der Angriff der Vorausabteilung fest. Erst als der Divisionskommandeur am frühen Morgen seine beiden Gebirgsjägerregimenter 13 und 91 in das Gefecht schickte, konnte der hartnäckige Widerstand der Sowjets gebrochen werden. Rasch nahmen die Gebirgsjäger die Verfolgung des geworfenen Feindes auf. Nun galt es, Lemberg von Süden her einzuschließen und zur Übergabe zu zwingen.

Major Schneider war als Kommandeur des I. Bataillons des Gebirgsjägerregiments 91 mit einer Vorausabteilung zum Angriff auf der großen Straße, die von Grodek nach Lemberg führt, angetreten und traf bei Kaltwasser auf einen außerordentlich zähen Widerstand der Sowjets. Besonders zu schaffen machten ihm dabei die gegnerischen Panzer; vor allem die überschweren sowjetischen Stahlkolosse, die den Gebirgsjägern auf dem russischen Kriegsschauplatz zum ersten Male in solchen Ausmaßen begegneten und zunächst eine gewisse Furcht einflößten. Aber auch diese Ungetüme wurden schließlich von den waghalsigen „Blumenteufeln" außer Gefecht gesetzt.

Die Sowjets gaben sich dennoch nicht geschlagen. Vielfach versuchten sie, die erledigten Sowjetpanzer im Schutze der Nacht abzuschleppen. Doch die Gebirgssoldaten konnten das meist vereiteln. Wie mächtige Ungetüme blieben sie dann so, wie sie im Gefecht gerade abgeschossen worden waren, auf der Vormarschstraße oder in den beiderseitigen Gräben liegen.

Nachdem das Gebirgsjägerregiment 13 nach harten Kämpfen mit feindlichen Panzern die Verbindung mit der benachbarten 257. Infanteriedivision des Generalleutnants Sachs hergestellt und nachdem die Gebirgsartillerie der „Vierten" die West- und Südwestausgänge von Lemberg mit Störfeuer belegt und damit die Sowjets zermürbt hatte, war die Stadt praktisch sturmreif geschossen. Nun schwenkte die 4. Gebirgsdivision südlich an Lemberg vorbei und verfolgte in anstrengenden Märschen den nach Osten ausweichenden Feind. Der 1. Gebirgsdivision des Generals Hubert Lanz, deren Name mit Lemberg aus dem Polenfeldzug geradezu schicksalhaft verbunden ist, blieb es jedoch vorbehalten, am 30. Juni 1941 um 04.20 Uhr, so berichtet das Kriegstagebuch, „die Reichskriegsflagge auf der alten Zitadelle" zu hissen,[13] nachdem die Sowjets die Stadt unerwartet in der Nacht zum 30. Juni geräumt hatten.

Obwohl der am 1. Juli 1941 zum Oberfeldwebel beförderte Rudolf Schlee im Süden von Lemberg harte Kämpfe ausgefochten hatte, war es ihm versagt geblieben, in die alte galizische Universitätsstadt, in der auch heute noch der altösterreichische k. u. k. Einfluss unverkennbar ist, einzuziehen. Gewiss war das eine herbe Enttäuschung. Wenn er sich im Nachhinein die Dinge jedoch aus der nötigen Distanz heraus nüchtern betrachtete, dann kam er zu dem Schluss, dass er den entgangenen Einmarsch in Lemberg nicht zu bereuen brauchte. Was sich vor dem Einmarsch der Deutschen in der Stadt ereignet hatte, all diese Grausamkeiten minutiös zu schildern, dagegen sträubt sich die Feder des Chronisten.

Denn nach dem Polenterror war es zu fürchterlichen Ausschreitungen der GPU gegen die deutschfreundliche ukrainische Bevölkerung gekommen. Vor ihrem Abzug wurden Tausende von Volksdeutschen und Ukrainern zusammengeschleppt und in den düsteren Kellergewölben der Gefängnisse auf bestialische Weise regelrecht niedergemetzelt. Ein Schauplatz dieses Massakers war der Hof des GPU-Gefängnisses, in dem die abscheulichsten Verbrechen verübt wurden.

Am 1. Juli 1941 kam es in Lemberg schließlich zu einem regelrechten Juden- und Russenpogrom. Juden mussten die ermordeten Ukrainer zum Teil mit ihren bloßen Händen ausgraben oder aus den Kellern, die mit dem Blut unschuldiger Männer, Frauen und Kinder getränkt waren, herausholen, damit sie von ihren Angehörigen identifiziert werden konnten.[14]

Währenddessen marschierte der Oberfeldwebel Rudolf Schlee mit der 4. Gebirgsdivision an Lemberg mit seinem Leichengeruch vorbei in Richtung Südosten. Der Divisionskommandeur Karl Eglseer hatte den Auftrag erhalten, mit seinem linken Nachbarn, der 97. leichten Infanteriedivision des Generalmajors Fretter-Pico, die Verfolgung von etwa zwei Restdivisionen der zurückweichenden Roten Armee aufzunehmen. Häufig sah man auf dem Vormarsch, dass die Ukrainer, die sich von einem ungeheuren psychischen Druck befreit fühlten, Triumphpforten für die Deutschen errichtet hatten, auf denen sogar Hakenkreuzfahnen und Inschriften wie „Heil dem Führer" oder „Wir begrüßen die Befreier" angebracht waren.

„Leider", schrieb später der berühmte Panzergeneral Generaloberst Heinz Guderian in seinen Memoiren, „hielt diese günstige Stimmung der Bevölkerung gegenüber den Deutschen nur so lange an, wie die wohlwollende Militärverwaltung regierte. Die sogenannten Reichskommissare haben es dann in kurzer Zeit verstanden, jede Sympathie für die Deutschen abzutöten und damit dem Partisanenunwesen den Boden zu bereiten."[15] Brzeżany, an der Zlota Lipa gelegen, hieß die Ortschaft, in der es der 4. Gebirgsdivision – sie war zu diesem Zeitpunkt der 1. Gebirgsdivision rund fünfzig Kilometer vorausgeeilt – gelang, den zurückflutenden Feind zu stellen. Lesen wir nun den Bericht des Leutnants Ludwig Kainz vom Gebirgsjägerregiment 13, der sich in der Nachkriegszeit um die Kameradschaft ehemaliger Dreizehner der 4. Gebirgsdivision besondere Verdienste erworben hat:[16]

„Am späten Nachmittag des 3. Julis 1941 marschierten Teile des Gebirgsjägerregiments 13 durch den Ort Brzeżany, um ihre Biwakräume zu beziehen. Seit den Kämpfen um

Lemberg war das Regiment nicht mehr zur Ruhe gekommen. Immer wieder hieß es, den kämpfend ausweichenden Feind zu stellen und ihm den Rückweg zu verlegen. Auch heute war es dem Regiment gelungen, eine Feindkolonne in der nördlichen Flanke einzuholen und ihr die Rückzugsstraße zu sperren. Auf einer mit Obstbäumen bestandenen Wiese wurden Nachrichten- und Radfahrzeuge und die dem Regiment unterstellten Teile der Gebirgsnachrichtenabteilung 94 unter Leutnant Ott eingewiesen. Tragtiere, Fahrzeuge, Karretten und Lasten fanden unter den Bäumen gute Deckung gegen Fliegersicht. Dazwischen wurden die Zelte gebaut – ein fast friedensmäßiges Bild wie aus guten Manöverzeiten. Ringsum herrschte weit und breit Ruhe.

Ungefähr einen Kilometer weiter südlich hatten Heerespioniere und Pak die Sicherung übernommen, rechts, an einen Bahndamm angelehnt, lag der Radfahrzug. In ein bis zwei Kilometer Entfernung nach Westen hatte das I. Bataillon seinen Gefechtsstand auf der die Stadt überragenden Höhe. Während ich noch mit der Einteilung der Wachen beschäftigt war, kam der Befehl zur Herstellung einer Nachrichtenverbindung zum I. Bataillon. Da die Möglichkeit dafür geradezu ideal war, wurde eine Blinkvorrichtung eingerichtet. Als die Station mit guter Sichtverbindung zur hochgelegenen Kirche funktionierte, gingen wir zwei Offiziere in unser gemeinsames Quartier, das bei den Fernsprech- und Funktrupps in der erhöht liegenden Häuserzeile entlang der Straße lag […]

Noch waren wir nicht fest eingeschlafen", schreibt Leutnant Kainz weiter, „als ich ein menschliches Rühren verspürte, das mich eilends nach draußen trieb. Aber wenn ich geglaubt hatte, allein und ungestört zu sein, dann irrte ich mich gewaltig. Auf der nahen Straße war es mehr als lebendig. Motorengeräusch wechselte mit dem dumpfen Poltern von Gespannfahrzeugen. Doch, was war das, bewegte sich der Lärm denn nicht in rückwärtiger Richtung? Mit einem Sprung war ich auf der Straße und erhielt von einer langsam vorbeirollenden Pakbedienung die Auskunft, dass sie Befehl hätte, sich vor gemeldeten Feindkolonnen und Kavallerie abzusetzen. Dabei lag unsere Stabskompanie in seliger Ruhe! Mit ein paar Sätzen war ich wieder im Quartier, und in wenigen Minuten war die Kompanie alarmiert.

Nicht zu früh, denn in der Ferne war bereits Gefechtslärm zu hören. Es musste beim I. Bataillon sein. Leuchtzeichen stiegen hoch. Niemand wusste, ob die eigenen südlichen Sicherungen noch standen. Eine letzte vorbeirollende Heerespak wurde angehalten und unterstellt; sie verstärkte so die Abwehrkraft der Stabskompanie. Die Blinkverbindung klappte vorzüglich und meldete starke Angriffe beim I. Bataillon. Bald kam die Nachricht: ‚Durchbruch starker pferdebespannter Kolonnen und Reiter auf der Straße in Richtung Regimentsgefechtsstand.'

Noch waren sie nicht da, doch ein Brausen und Rasseln auf der Straße ließ die wilde, verwegene Jagd ahnen. Urrä-Geschrei, MG-Geknatter, Leuchtspurgeschosse, Räderrollen und Pferdegetrampel im nächtlichen Dunkel – eine schaurige Nacht! Nun waren sie heran, stauten sich einen Augenblick an einer Eisenbahnunterführung und ein Teil brach durch auf unsere Abwehr zu. Sprenggranaten der Pak knallten an die Mauern der Unterführung und rissen mit ihrer furchtbaren Splitterwirkung Tod und Verderben in die heranbrausende Kolonne. Fahrzeuge und Reiter, die vordersten bis auf fünf Meter herangekommen, blieben in wirrem Knäuel liegen und wirkten so als Sperre für die Folgenden. Von der aufprallenden Masse sprangen Fahrer und Reiter von den Pferden, gingen in Stellung und erwiderten das Feuer. Bei uns traten die ersten Ausfälle ein und mehrten sich in kurzer Zeit. Verwundete riefen nach dem Sanitäter, der inmitten seiner Hilfeleistung für die Kameraden tot zusammenbrach. Langsam, viel zu langsam wich die Nacht und gab endlich richtiges Schusslicht. Immer wieder versuchten die abgesessenen Reiter, mit Urrä-Gebrüll Boden zu gewinnen. Aber die Jäger und Nachrichtenmänner hielten unerschüttert stand. Die ersten Gefangenen wurden eingebracht und zum Regiment weitergeleitet.

In der Stadt selbst schien ein tolles Durcheinander zu herrschen. Fast ununterbrochen detonierten die Handgranaten, mit denen die Häuser gesäubert wurden. Endlich erlosch mit dem Hellwerden der Kampflärm, knallten nur noch ab und zu einige Pistolenschüsse. Schritt für Schritt kämmten die Jägerzüge die Straßen ab, die verstopft waren mit umgeworfenen Fahrzeugen und Panjewagen. In dichten Haufen lagen die Toten, hingen die Pferde noch in Geschirren und Strängen. Wirr ringelten sich die Drähte der Leitungen und vervollständigten das Bild der Verwüstung und Zerstörung.

Vor den offenen Gräbern nahmen die Männer des Regimentsnachrichtenzuges und der Nachrichtenabteilung Abschied von ihren toten Kameraden. Es waren die ersten Lücken", schließt Leutnant Kainz seinen Bericht, „die der Krieg in ihre Reihen gerissen hatte. Dann befand sich das Regiment wieder auf dem Marsch durch die Getreidefelder von Uwsie."

Nachdem sich Schlee mit der „Enziandivision" in den Kämpfen um Brzeżany hervorragend bewährt hatte, folgte man in rastlosen Märschen und teils erbitterten Kämpfen dem Feind. Am 5. Juli setzte die Division, nachdem sie mehrere Brückenköpfe gebildet hatte, über den Fluss Sereth. Am 7. Juli, bereits drei Tagesmärsche von Brzeżany entfernt, wurde die alte polnisch-russische Grenze überschritten. Der Zbrucz bildete seinerzeit den Grenzfluss.

Die Rote Armee schien plötzlich einen Verbündeten bekommen zu haben, denn es begann mit einer solchen Regelmäßigkeit meist zwischen 16.00 und 18.00 Uhr zu regnen, dass die wenigen befahrbaren Straßen und Wege sich bald in den berühmt-berüchtigten russischen Schlamm auflösten und damit für die motorisierten Truppenteile unpassierbar wurden. Zu guter Letzt, um das Chaos perfekt zu machen, blockierte die 5. SS-Panzerdivision „Wiking" mit zahlreichen Kolonnen tagelang die Vormarschstraße der Gebirgsjäger.[17]

Der Kommandierende General des XXXXIX. Gebirgsarmeekorps unterrichtete dem Armeeführer: „Ich melde, dass durch die Vorkommnisse", so General Kübler,

„die Verfolgung meines Korps mindestens um 43 Stunden verzögert worden ist. Durch das Stocken der Verfolgung ist es starken Feindkräften gelungen, nach Osten hinter die ‚Stalinlinie' zu entkommen."

Unter diesen ungünstigen Vorzeichen – darüber hinaus noch zeitweise in drei Teile aufgespalten, was die Versorgungslage erheblich erschwerte – bewegte sich die 4. Gebirgsdivision, angeführt von den verstärkten Gebirgsjägerregimentern 13 und 91 mit ihren Tragtierkolonnen, denen die bespannten Teile der „Enziandivision" und in weitem Abstand schließlich die durch den Schlamm fast unbeweglich gewordenen motorisierten Truppenteile folgten, in Richtung „Stalinlinie".

In den Soldbüchern wurden die bisherigen Kriegseinsätze als „Grenzschlachten in Galizien" eingetragen: 22. bis 30. Juni 1941 Schlacht um Lemberg; 1. Juli bis 11. Juli 1941 Durchstoß auf Proskurow und Verfolgung zur „Stalinlinie".

```
GEHT MIT DIESEM
    PASSIERSCHEIN
      DURCH DIE FRONT

Deutsche Soldaten! Allen, die auf
die Seite der Roten Armee übergehen,
wird garantiert: das Leben, gute Be-
handlung und die Heimkehr nach
Kriegsende.
```

```
ПЕРЕХОДИТЕ С ЭТИМ
   ПРОПУСКОМ
      ЧЕРЕЗ ФРОНТ

Немецкие солдаты! Всем, кто пе-
рейдет на сторону Красной Армии,
обеспечена жизнь, хорошее обра-
щение и возвращение на родину
после войны.
```

Mit Passierscheinen dieser Art, die zu Tausenden hinter der Front abgeworfen wurden, sollten die Soldaten der Wehrmacht aufgefordert werden, sich zu ergeben.

Der Durchbruch durch die „Stalinlinie"

Das XXXXIX. Gebirgsarmeekorps des Generals Kübler, dem nach wie vor unter anderem die 1. Gebirgsdivision des Generalmajors Hubert Lanz und die 4. Gebirgsdivision des Generalmajors Karl Eglseer unterstellt waren, hatte in tagelangen Gewaltmärschen den Feind, der sich immer wieder geschickt abzusetzen vermochte, verfolgt. Rund 250 Kilometer waren die Gebirgsverbände nun schon von Lemberg aus in Richtung Osten marschiert. Am Morgen des 12. Julis 1941 standen die Spitzen der „Enziandivision" nordostwärts von Proskurow im Vorfeld der zweiten sowjetischen Verteidigungslinie und erwarteten, dass sich der Gegner zumindest hier zum Kampf stellen würde, um dem Namen des Mannes, nach dem sie benannt worden war, alle Ehre zu machen: die „Stalinlinie", die „Maginotlinie" der Sowjets, die am Wolk- und Bohabschnitt besonders stark befestigt war.

So nannte man die Befestigungen östlich der bis zum Jahre 1939 bestehenden Westgrenze der Sowjetunion. Die in den Zwanziger- und Dreißigerjahren des 20. Jahrhunderts errichteten starken Grenzbefestigungen sollten die Sowjetunion vor einem Angriff aus dem Westen schützen. In den Jahren 1940/1941 wurden sie jedoch größtenteils abgebaut, da der Truppenaufmarsch der Roten Armee im Jahr 1941 einer sowjetischen Offensive gegen den Westen dienen sollte und die sowjetischen Marschälle nicht mit einem Rückzug ihrer Armeen und somit einer Verteidigung ihres eigenen Staatsgebietes rechneten.

Daher war an der „Stalinlinie" für die Kommandeure der 4. Gebirgsdivision kein gegnerischer Widerstand zu erkennen. Die Sowjets hatten sich wieder einmal mehr zurückgezogen und in ihrem Bollwerk aus Stahl, Beton und Stacheldrahtverhauen, aus Felsstellungen, weit verzweigten Grabensystemen und Minensperren verbarrikadiert. Die Erkundungen, die in den nächsten Tagen durchgeführt wurden, um sich ein genaues Bild von diesem Befestigungswerk zu machen, über den genauen Verlauf, über die Tiefe und Stärke der Anlagen sowie über die Mannschaftsstärke ergaben dann folgendes Bild:

Die von General Eglseer veranlasste Aufklärung hatte ergeben, dass ausgerechnet in seinem Angriffsstreifen zwischen den Ortschaften Karitschinzy und Derashuje ein Schwerpunkt der „Stalinlinie" mit besonders vielen und geschickt angelegten Befestigungswerken, mit starken Draht- und Eisenpfostensperren sowie mit gut getarnten Betonbunkern lag.

Die Gebirgsjäger und Gebirgspioniere, denen die Hauptlast des bevorstehenden Angriffs zufallen sollte, waren also gewarnt. Manch einer dachte an die Kämpfe um die französische „Maginotlinie" und suchte nach Parallelen. In jedem Fall beflügelte die „Stalinlinie" die Phantasie der Angriffsbataillone und Regimenter. Es war am 13. Juli 1941, Punkt 08.00 Uhr morgens, als der Kommandierende General des

XXXXIX. Gebirgsarmeekorps seine Divisionskommandeure auf dem Gefechtsstand der 4. Gebirgsdivision in Michalpol zu einer Besprechung empfing.

„Mein Korps", begann Kübler seine Ausführungen, „hat einen Angriffsstreifen gegen eine befestigte Stellung von 60 Kilometern vor sich. Zum Angriff stehen drei Divisionen zur Verfügung. Das sind in vorderster Linie die beiden Gebirgsdivisionen und die 97. leichte Jägerdivision. Die 125. Infanteriedivision folgt in zweiter Linie. Sie wird voraussichtlich für den Angriff gegen die ‚Stalinlinie' nicht verfügbar sein. Im Korpsabschnitt sind geländemäßig zwei Abschnitte deutlich erkennbar. In der Mitte des Korpsabschnittes und weiter nach Norden verläuft die ‚Stalinlinie' hinter den natürlichen Hindernissen der Flüsse Wolk und Boh. Beide Flüsse sind als absolute Hindernisse anzusprechen. Ihre Bedeutung wächst dadurch, dass sie sich in zahlreiche Weiher und Teiche erweitern. Letztere sind seit langem angestaut. Luftbildaufnahmen lassen erkennen, dass nur an ganz wenigen Stellen an einen Angriff gedacht werden kann. Das rechte Drittel des Korpsabschnitts weist kein Hindernis vor der ‚Stalinlinie' auf. Zum Ausgleich ist dieses Drittel der Angriffsstreifen der beiden Gebirgsdivisionen besonders mit Betonbunkern und Feldstellungen ausgebaut. Das Dorf Galusinzy scheint das Herzstück zu sein. Ich habe mich daher entschlossen", fuhr der Kommandierende General fort, „die beiden Gebirgsdivisionen zu einem einheitlichen Durchbruch zusammenzufassen. Der leichten Jägerdivision ist die Aufgabe zugedacht, durch Einzelunternehmungen gemischter Gefechtsgruppen den Feind in der Mitte zu fesseln und Angriffsabsichten vorzutäuschen. Mir kommt es darauf an, dass beide Gebirgsdivisionen dicht südlich und nördlich der Eisenbahnlinie derart nebeneinander angreifen, dass die Korpsartillerie sowohl bei der einen oder anderen Division wirksam eingreifen kann. Sie haben noch Zeit für weitere Erkundungen. Ich setze den Angriff auf den 15. Juli fest." (Richtig: Leichte Infanteriedivision. Am 10. Dezember 1940 als 97. leichte Infanteriedivision aufgestellt. Am 6. Juli 1942 in 97. Jägerdivision umbenannt und umgegliedert.)

„Der Angriff", so fügte General Kübler später hinzu, „wird für 10.00 Uhr befohlen und zwar so, dass der Schwerpunkt auf den inneren Flügeln der beiden Gebirgsdivisionen, der ‚Enzian-' und der ‚Edelweißdivision' zu liegen hat."

Als Tagesziel wurde die Nord-Süd-Straße, die von Warinka über Wowkowinzy nach Bar führt, befohlen. Generalmajor Eglseer war aufgrund der Ergebnisse der sorgfältig durchgeführten Aufklärung und Beobachtung der „Stalinlinie" zu dem Ergebnis gekommen, dass es für seine Division das Beste sei, diese zweite sowjetische Verteidigungslinie mit allen Kräften auf der gesamten Breite des Angriffsstreifens gleichzeitig anzugreifen und zu nehmen. Wir werden im Folgenden sehen, ob und inwieweit das den Gebirgsjägern und den Gebirgspionieren gelungen ist. Nach der Bereitstellung der einzelnen Truppenteile der Division am 13. und 14. Juli erfolgte am sonnigen, leicht windigen 15. Juli, um 10.00 Uhr mittels Stoßtrupps der Angriff gegen die „Stalinlinie". Zuvor hatte die Artillerie, den dichten Frühnebel ausnützend, in dreistündigem Feuer, das immer wieder verlegt wurde, sowie mit 8,8-cm-Flak-Geschützen, die zum Schartenbeschuss eingesetzt wurden, die russischen Verteidigungsanlagen sturmreif geschossen, während die Gebirgspioniere Sturmgassen für die Gebirgsjäger in die Drahtverhaue geschnitten hatten. Leichter als allgemein erwartet, gelang den Jägern und Sturmpionieren der Einbruch in das feindliche Hauptkampffeld; ja, er führte relativ rasch zum Durchbruch der Befestigungslinie.

Nacheinander wurden Bunker um Bunker genommen, Draht und Eisenhöckersperren gesprengt, Minengassen durch die dichten Minensperren geschlagen und so die Befestigungslinie aufgerissen. Es wurde schon im ersten Ansturm ein tiefer Einbruch erzielt, in den laufend weitere Kräfte und vor allem auch schwere Waffen übergesetzt wurden. Allein im rechten Schwerpunktstreifen des Gebirgsjägerregiments 13 wurden 16 Bunker eingenommen, etwa 35 Gefangene gemacht und 7 Geschütze erbeutet.

Im weiteren Angriffsverlauf gelang den 13ern gar noch am selben Tag der Vorstoß bis in die Waldstücke kurz vor Wowkowinzy. Damit hatten die Jäger und Pioniere die „Stalinlinie" in einer Tiefe von etwa 15 Kilometern durchbrochen. Aber nicht nur das Gebirgsjägerregiment 13 hatte die befohlenen Ziele erreicht, auch das Gebirgsjägerregiment 91, das um 21.30 Uhr zum Nachbarregiment aufgeschlossen hatte, konnte der Division melden, dass es das vom XXXXIX. Gebirgsarmeekorps gesteckte Tagesziel erreicht hatte: die Straße Wowkowinzy – Warnyka.

Zufrieden sah Generalmajor Eglseer auf die Karte, in die der 1. Generalstabsoffizier die Angriffsbewegungen seiner Division eintrug. Den Linienführungen seiner Truppenteile und denen des geworfenen Gegners konnte er entnehmen, dass seine Jäger insgesamt rund 15 Kilometer tief durchgestoßen waren und dabei Schützenstellungen, Minensperren, MG-Nester und nicht weniger als 72 Bunker außer Gefecht gesetzt und erobert hatten. Groß war der Kampferfolg. Neben 600 Toten und 450 Gefangenen hatten die Sowjets 23 Geschütze und 220 Maschinengewehre im Angriffsstreifen der 4. Gebirgsdivision verloren. Demgegenüber waren die Verluste der „Vierten" relativ gering: 30 Gebirgsjäger, davon 1 Offizier, 29 Unteroffiziere und Mannschaftsdienstgrade waren gefallen, sechs wurden vermisst und zwei Offiziere und 123 Unteroffiziere und Mannschaftsdienstgrade waren verwundet.

Obwohl der Angriff und der Durchbruch des XXXXIX. Gebirgsarmeekorps und seiner unterstellten Divisionen durch die sowjetischen Verteidigungsanlagen ein großer Erfolg war, der dazu noch an einem einzigen Tage erzielt worden war, wollte bei den verantwortlichen Kommandeuren keine rechte Freude aufkommen, denn der Masse des Feindes, die von Marschall Semjon Budjonny befehligt wurde, war es abermals gelungen, sich geschickt in Richtung Osten abzusetzen.

„Wie lange", so fragte man sich, „soll dieses Katz-und-Maus-Spiel noch weiter gehen?" Niemand konnte darauf eine Antwort geben. So mussten die Gebirgsjäger der

„Enziandivision" und mit ihnen die Soldaten von nicht weniger als drei Korps (rechts vom XXXXIX. Gebirgsarmeekorps das LII. Armeekorps und links das IV. Armeekorps) Kilometer um Kilometer weitermarschieren, um dem weichenden Feind auf den Fersen zu bleiben. Unterwegs wurde, als Aufmunterung gewissermaßen, der Tagesbefehl des Oberbefehlshabers der 17. Armee, General von Stülpnagel, verlesen:

„Meine Soldaten!
Die Armee hat in achttägigen schweren Kämpfen unter schwierigsten Geländeverhältnissen eine neuzeitlich ausgebaute, tiefgegliederte Bunkerstellung nach Art des Westwalls durchbrochen. Sie hat immer wiederkehrende verzweifelte Angriffe starker feindlicher Panzerkräfte und Infanterieteile abgeschlagen und dem Feind schwerste blutige und Geräteverluste zugefügt. Es wurden rund 12.000 Gefangene, 113 Geschütze eingebracht und 269 Kampfwagen vernichtet. Dieser Erfolg beweist die Überlegenheit, die Moral, die Ausbildung und die Hingabe des deutschen Soldaten. In treuer und dankbarer Kameradschaft gedenken wir der Opfer, entschlossen, diesen Kampf mit aller Härte zu einem siegreichen Ende zu führen. Dazu ist rastlose Verfolgung notwendig, um den Feind weiter zum Kampf zu stellen und zu vernichten, wo wir ihn treffen können."

Durch ährenschwere Getreidefelder zogen die Gebirgsjäger südostwärts, in Richtung Winniza, der Hauptstadt des ukrainischen Podolien, wo der Feind, etwa 50.000 Soldaten der sowjetischen 6. und 12. Armee, vor dem Überqueren der Wasserbarriere des Bug endgültig geschlagen werden sollte. Zahlreiche, von beiden Seiten mit aller Härte geführte Kämpfe auf dem Weg zum Strom deuteten bereits an, was die Jäger erwartete. Neben der Vormarschstraße der „Enziandivision" lagen zerschossene und teilweise noch qualmende Sowjetpanzer. Noch einmal versuchte die Rote Armee, den Siegeslauf der deutschen Gebirgsjäger zu stoppen. Die Stellungen der Jäger wurden mit schwerem Artilleriefeuer belegt, um die Kampfkraft der Angreifer zu zermürben.

Drei volle Tage lang dauerten in den Wäldern bei Ludawka, Jozwin und Litin die verlustreichen Kämpfe mit den sowjetischen Nachhuten. Eine neue Schützendivision sollte den Deutschen den Weg nach Winniza versperren. Es half den Sowjets jedoch nicht mehr allzu viel. Die Schützendivision wurde in dreitägigen harten Kämpfen nahezu aufgerieben. Bei diesen auch für die Gebirgsjäger verlustreichen Kampfhandlungen fiel am 19. Juli 1941 der Kommandeur des Gebirgsjägerregiments 13, Oberst August Sorko, bei Machnowka. Hauptmann Franz Türk, mit dem Sorko seit dem Ersten Weltkrieg eng befreundet war, erinnert sich an den Soldatentod des Österreichers, der bereits mit seiner Freiwilligenkompanie im Kärntner Freiheitskampf von 1920 hervorgetreten war:

„Ein Mannesschicksal erfüllt sich. Irgendwo eine Lehmhütte, strohbedeckt, vor ihr ein kleiner Wiesengrund und nahe ein Waldrand. Es ist der Gefechtsstand des

Regiments. Eine Granate schlägt ein, nichts ist geschehen. Eine zweite, alles stutzt und wird vorsichtig. In seiner gewohnten Gemütsruhe meint der Kommandeur: ‚Fehlt nur noch die Gabel'. In dem gleichen Augenblick zischt eine Baumkrone, ein Krachen und Bersten, es war der dritte Einschlag, seine Opfer Oberst Sorko und sein getreuer Gefechtsschreiber. Ein Held ist gefallen, wie lähmendes Entsetzen legt sich das Ereignis für eine geraume Weile auf alle jene, die es erlebten. Ein Kamerad drückt seinem heißgeliebten Oberst das gebrochene Auge zu, ein letzter Liebesdienst. Eine Leier ist verstummt, ein Lied ist verklungen und ein Speer ist zerbrochen […]"[18]

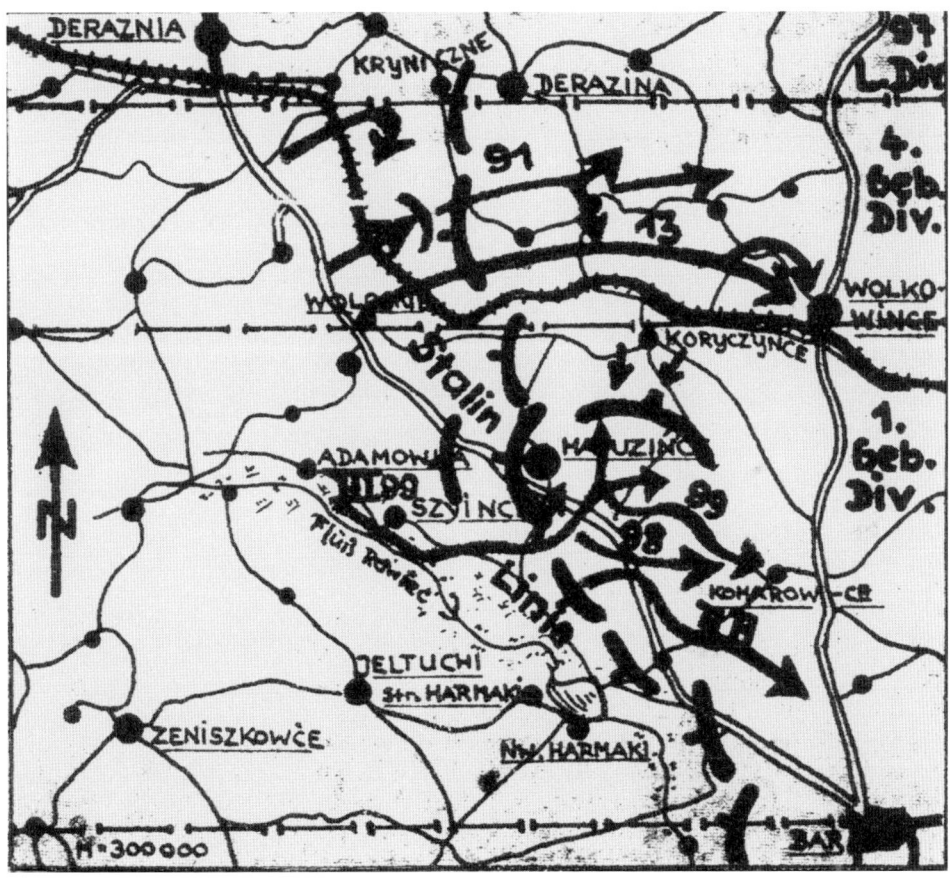

Auf der Karte sind die Bewegungen der 1. und 4. Gebirgsdivision sowie der 97. Infanteriedivision durch die „Stalinlinie" eingezeichnet.

Die Umfassungsschlacht bei Podwyssokoje und Kopjenkowata

Nachfolger von Oberst Sorko, im wahrsten Sinne des Wortes ein alter Haudegen, der bereits im Norwegenfeldzug als Kommandeur des II. Bataillon/Gebirgsjägerregiments 137 das Ritterkreuz des Eisernen Kreuzes erworben hatte, wurde Oberst von Thaysen. Es war, als wollten die Angehörigen des Gebirgsjägerregiments 13, nachdem sie ihren gefallenen Kommandeur auf dem Soldatenfriedhof in Machnowka in die heiß umkämpfte Erde zur letzten Ruhe gebettet hatten, den Sowjets den Soldatentod Sorkos heimzahlen. Stumm und verbissen rangen sie die feindlichen Stellungen der sowjetischen Nachhuten am Ostrand von Machnowka nieder und öffneten damit die Straße nach Winniza.

Man schrieb den 20. Juli 1941, als die 4. Gebirgsdivision, nachdem sie den Schwerpunkt des feindlichen Widerstandes nach harten Kämpfen in den großen Wäldern westlich von Winniza zerschlagen hatte, am Vormittag in die Stadt einrückte.

Winniza befand sich nun zwar in deutscher Hand, aber die Brücken über den Bug waren zerstört, und der Sieg, den man in den Kämpfen um die Stadt errungen hatte, über 10.000 Gefangene waren eingebracht worden, erwies sich als Pyrrhussieg. Dem Feind war zwar der Rückzug durch Winniza nicht gelungen, er hatte es aber geschafft, sich mit der Masse seiner bereits umzingelten Kräfte nördlich davon durch den Uferwechsel über den Bug in der Nacht vom 19. zum 20. Juli noch einmal der südlichen deutschen Zange, die sich nicht rechtzeitig schloss, zu entziehen. Etwa 30.000 Soldaten der sowjetischen 6. und 12. Armee, die sich zwischen der „Stalinlinie" und dem Bug auf dem Rückzug befanden, konnten somit aus der drohenden deutschen Umklammerung nach Nordosten entfliehen. Wieder einmal war von den deutschen Gebirgsjägern eine bedeutende Schlacht geschlagen worden, aber der Gegner war dennoch nicht entscheidend geschwächt.

Träge zog der Bug, wie die meisten russischen Flüsse, durch die endlose Weite des Landes, an Städten und ärmlichen Dörfern vorüber. Am 23. Juli 1941 überschritten die Truppenteile der „Enziandivision" auf einer von deutschen Pionieren erbauten Brücke den Strom und zwar zur Verfolgung des Gegners in Richtung Südosten. Die „Vierte" hatte den Auftrag, an der großen, sich bereits abzeichnenden Umfassungsschlacht bei Uman – Podwyssokoje teilzunehmen. An jenem Tag, als die Division Winniza verließ, sandte Generalmajor Eglseer folgenden Tagesbefehl an seine Truppe:

„Soldaten der 4. Gebirgsdivision! Der Oberbefehlshaber der Armee, General der Infanterie von Stülpnagel, und vor allem der Kommandierende General des XXXXIX. Gebirgsarmeekorps, General der Infanterie Kübler, haben mich beauftragt, allen Angehörigen der Division und vor allem der Kampftruppe die vollste Anerkennung und das uneingeschränkte Lob für die Taten und Leistungen im bisherigen Feldzug gegen Russland, insbesondere beim Durchbruch durch die ‚Stalinlinie' und in der Schlacht um Winniza, zu übermitteln.

Weder Hitze noch Staub noch Regen und Schlamm oder zähester Widerstand des Feindes haben je Euren Vorwärtsdrang aufhalten können. Die Division hat nach den Worten des Kommandierenden Generals alles geleistet, was man überhaupt verlangen und erwarten kann.

Ich schließe mich aus vollem Herzen dieser Anerkennung unseres Vorgesetzten an und füge meinen Dank bei. Ich bin stolz auf Euch!"

Es war, als wollten die Gebirgsjäger die Erwartungen ihres Kommandierenden Generals nicht enttäuschen. Der Armeefront weit vorausgeeilt, schloss das XXXXIX. Gebirgsarmeekorps mit deutschen Panzerkräften und anderen Verbänden im Osten und Süden von Uman den Ring um die sowjetische 6. und 12. Armee wie eine tödliche Schlinge immer enger zusammen. So schrieb Generalleutnant Braun später einmal über den Aufmarsch und die Einkreisung der sowjetischen Truppen durch die 4. Gebirgsdivision:

„Nur im Süden zwischen Ssinjucha und Jatrany war noch eine Lücke von etwa 15 Kilometer Breite. Diese Lücke durch Angriff zu schließen, war Aufgabe der Division. Die Frontalangriffe des Gebirgsjägerregiments hatten nur noch geringe Erfolge. Da meldete die Vorausabteilung, die südlich ausholend auf Podwyssokoje angesetzt worden war, dass es ihr gelungen sei, nach Brechung schwachen Feindwiderstandes den Jatrany-Übergang bei Polonistoje in die Hand zu nehmen. Diese Meldung erreichte in kurzen Zeitabständen den Divisionskommandeur im Gelände, den Ia (1. Generalstabsoffizier) auf dem Divisionsgefechtsstand und den Kommandeur des Gebirgsjägerregiments 91, das am Südflügel eingesetzt war. Alle drei Offiziere fassten den gleichen Entschluss, das ganze Gebirgsjägerregiment 91 nach Süden abzudrehen und der Vorausabteilung nachzuführen. Überraschend erreichte die Vorausabteilung noch am Vormittag das Straßenkreuz fünf Kilometer südwestlich Podwyssokoje. Um 13.00 Uhr war die Spitze des Gebirgsjägerregiments 91 nach achtundzwanzig Kilometer Marsch an der Brücke über den Jatrany bei Polonistoje. Nach einer Rast wieder antretend, geriet die Marschkolonne in einen Wolkenbruch. Der Weg wurde grundlos, Muli versanken, Fahrzeuge blieben hoffnungslos stecken. Trotzdem ging das Regiment unaufhaltsam weiter. Nach insgesamt fünfzig Kilometer Marsch trafen die Anfänge stark erschöpft bei der Vorausabteilung ein. Eine bewundernswerte Leistung!"[19]

Am 2. August gelang der 4. Gebirgsdivision der südlich ausholende Stoß über den Fluss bei Peregonowka, von wo aus am folgenden Tag der Angriff und die Inbesitznahme der weitum beherrschenden Höhe 193 durch das II. Bataillon/Gebirgsjägerregiment 13 erfolgte. Damit war dem gefährlich wachsenden Feinddruck nach Süden ein erster Riegel vorgeschoben und dem Russen der wichtige Einblick in den sich schließenden Ring nach Süden genommen.

Am 2. August 1941 stießen Teile der 4. Gebirgsdivision – während die Vorausabteilung unter Oberst Pribyl die Nordflanke der 1. Gebirgsdivision bei Dubowo sicherte – bei dem Ort Orchowo auf die Nachhut eines großen sowjetischen Verbandes. Trotz heftigsten Artilleriefeuers, teilweise in direktem Beschuss, warfen die Jäger den Feind über den Bug zurück und gingen in der Nacht zum 3. August in der Flussniederung zur Verteidigung über. Im Morgengrauen des 4. Augusts lösten sie sich unbemerkt von den Russen.

Die Entscheidung stand nun unmittelbar bevor. Zu einem heiß umkämpften Brennpunkt wurde dabei der scheinbar unbedeutende Ort Kopjenkowata; von vielen als Schicksalsort der 4. Gebirgsdivision – im Besonderen aber des Gebirgsjägerregiments 13 – bezeichnet. Die Gebirgsjäger näherten sich von Westen her der Ortschaft, die, wie sie rasch erkannten, voller Feinde steckte. Rechts vom III. Bataillon/Gebirgsjägerregiment 13 bestand noch eine Lücke zum Gebirgsjägerregiment 91. Kein Schuss fiel. Ruhe, die doch keine war, lag in der mondhellen Nacht. Tags darauf sollte der Angriff gegen Kopjenkowata, in dem der Gegner massiert eingeschlossen war, stattfinden.

In der Nacht vom 6. zum 7. August brachen etwa 4.000 Sowjets in dicht massierten Haufen, angeführt von Panzern, in denen sich der Stab der eingeschlossenen 6. Armee befand, an der Naht zwischen der 1. und 4. Gebirgsdivision nach Süden aus. Vor der Front der „Enziandivision" blieben Hunderte von toten Russen liegen.

Groß waren aber auch die Verluste der Gebirgsjägerregimenter 13 und 91, über die der sowjetische Sturm aus wütend kämpfenden Menschenleibern hinweggebraust war, erheblich die Ausfälle und der Munitionsverbrauch bei der dritten Säule der „Enziandivision", beim Gebirgsartillerieregiment 94. Allein die vier Geschütze der 9. Batterie dieses Regiments hatten während der Umfassungsschlacht von Podwyssokoje und Kopjenkowata in nur vier Tagen nicht weniger als 1.150 Granaten verschossen.

Generalmajor Eglseer sah auf dem Gefechtsstand in den frühen Morgenstunden die eingegangenen Meldungen durch und machte sich daraus ein Bild von der Lage seiner Division. Dieses sah in groben Zügen folgendermaßen aus:

„Infanteristische Angriffe mit Panzern am Wegekreuz fünf Kilometer südwestlich Podwyssokoje sind blutig zusammengebrochen. Motorisierte Teile sind in die Lücke zwischen III. Bataillon/Infanterieregiment 477 und III. Bataillon/Gebirgsjägerregiment 91 eingebrochen. Vor dem Infanterieregiment 477 anscheinend nur geringere Gefechtstätigkeit. Von der Aufklärungsabteilung 94 und dem Gebirgsartillerieregiment 94 liegen keine Meldungen vor. Beim Gebirgsjägerregiment 13 Ausbruchsversuche mit Panzern und motorisierter Infanterie unter starken Verlusten für den Feind abgewiesen. Auch bei Peregonowka erfolgreiche Abwehr. Bei Polonistoje noch Kampf. Die Eckpfeiler stehen also noch fest. In der Mitte ist die Lage völlig ungeklärt. Dort scheint dem Feind der Einbruch, vielleicht sogar der Durchbruch, gelungen zu sein."[20]

Insgesamt hatte das XXXXIX. Gebirgsarmeekorps in der Kesselschlacht von Uman, Podwyssokoje und Kopjenkowata etwa 60.000 sowjetische Gefangene, darunter die Oberbefehlshaber der sowjetischen 6. und 12. Armee, eingebracht. Entscheidenden Anteil hatten die Soldaten der 1. und 4. Gebirgsdivision sowie die „Spielhahnjäger" der 97. leichten Infanteriedivision, die sich aufgrund ihrer zahlreichen gebirgserfahrenen Soldaten und der geographischen Lage ihres Aufstellungsraumes zwischen Murnau und Rosenheim seit eh und je zu den Gebirgstruppen rechneten.

Den Gebirgsjägern bot sich auf dem Schlachtfeld bei Uman ein Bild des Grauens und der Vernichtung. Im Kriegstagebuch des XXXXIX. Gebirgsarmeekorps liest man darüber:

„Auf den Straßen von Podwyssokoje bis zum Walde liegen unabsehbar Hunderte von gefallenen Russen, die immer wieder in neuen Wellen bis in die Stellungen der Jäger gestürmt waren. Zerschossene Kampfwagen und Lastkraftwagen stehen ringsum in den Feldern, die Reste der zerschlagenen Ausbruchsversuche in der Nacht vom 5. auf 6. August. In Kopjenkowata stehen Massen von Geschützen aller Art, Kampfwagen und Fahrzeuge. An der Straße südwestlich Kopjenkowata stehen etwa 40 russische Lastkraftwagen zusammengeschossen. Die verbrannten und verstümmelten Leichen der Besatzungen liegen zwischen den Trümmern, ein grausames Bild völliger Vernichtung. Auf der Höhe 203 und vielen anderen Stellen des Schlachtfeldes bieten sich ähnliche Bilder. Auf der Fahrt nach Podwyssokoje begegnet dem Kommandierenden General der Zug der Gefangenen. Es ist ein unabsehbarer Strom, der in dem flachwelligen Gelände von Horizont zu Horizont reicht. Sie marschieren zu sechs bis acht nebeneinander in einer Kolonne von etwa zehn Kilometern Länge. Es ist das eindrucksvollste Bild des Schlachtfeldes."

Zum Gefangenenproblem hier die Schilderung einer von vielen Begebenheiten: Ungefähr fünfzig russische Offiziere, darunter höhere Chargen, wurden von den Gebirgsjägern eingebracht, abgezählt und in ein größeres Bauernhaus eingesperrt. Eine Jägergruppe übernahm die Bewachung. Am Abend sollten die Gefangenen nach hinten abtransportiert werden. Es fehlten aber plötzlich zwei Rotarmisten. Was war geschehen? Bei Nachforschungen stellte sich heraus, dass zwei Frauen mit Wassereimern das Haus verlassen hatten und nicht mehr zurückgekehrt waren. Im Täuschen und Tarnen waren die Russen wahrlich meisterhaft.

Der Sieg der Umfassungsschlacht von Uman – Podwyssokoje, die Generaloberst Halder als „klassische Korpsschlacht" bezeichnet hat, musste vom XXXXIX. Gebirgsarmeekorps jedoch teuer bezahlt werden. Vom Beginn der Verfolgung ab Winniza bis zur Bereinigung des Kessels von Uman beliefen sich die Verluste nämlich auf 157 Offiziere und 4.861 Unteroffiziere und Mannschaften. Die 4. Gebirgsdivision hatte dabei den höchsten Blutzoll zu entrichten: 52 Offiziere sowie 1.726 Unteroffiziere und Mannschaften; davon 47 Offiziere sowie 1.516 Unteroffiziere und Mannschaften allein während der Schlacht um Podwyssokoje und Kopjenkowata.

Als äußeres Zeichen des Sieges trugen die Soldaten des XXXXIX. Gebirgsarmeekorps drei Tage lang, vom 9. bis zum 11. August 1941, den grünen Bruch. Der grüne Bruch ist, so wurde es den Unwissenden erläutert, ein kleiner Eichenzweig, der am metallenen Edelweißabzeichen der Bergmütze getragen wird. Und um die Freude für seine Jäger, die sich so tapfer geschlagen hatten, komplett zu machen, erließ Generalmajor Eglseer am 8. August 1941 einen „Divisionssonderbefehl", in dem er die bisherigen Leistungen seiner stolzen „Enziandivision" im Russlandfeldzug würdigte:

„Nach dem schwierigen Durchbruch durch die Grodeker Seenlinie bei Kamienobród und dem kühnen Vorstoß auf Lemberg mit über 30 Kilometer tiefer offener rechter Flanke, in der Hunderte feindlicher Panzerwagen [Anm. d. Verf.: aufgefahren waren]; nach den schwierigen Kämpfen mit Panzern und feindlichen Widerstandsnestern südlich von Lemberg, den opferreichen Kämpfen um Bóbrka und Brzeżany mit beiderseits offenen Flanken; nach dem Durchbruch durch die ‚Stalinlinie' in einem ihrer stärksten Abschnitte an der Spitze des Korps, ebenfalls mit offenen Flanken; nach der infolge starker russischer Gegenangriffe und des mehrtägigen rollenden Einsatzes zweier feindlicher Fliegerstaffeln besonders verlustreichen Schlacht um Winniza habt Ihr Euch nun im großen Kriegsgeschehen im Osten neuerdings siegreich geschlagen.

Im Raum Podwyssokoje und Kopjenkowata wurden die Reste zweier feindlicher Armeen vollkommen vernichtet. Die Division hatte sowohl in der Einleitung wie auch bei der Durchführung und beim Abschluss dieser Vernichtung führenden Anteil. Durch raschen Angriff südlich an Uman vorbei und durch schnelles Zupacken unserer improvisierten schwachen Vorausabteilung Oberst Pribyl am 2. August gelang es, über Polonjstoje ausholend, den Raum südlich Kopjenkowata und das Straßenkreuz südostwärts davon zu erreichen. Der durch diesen den Gegner vollkommen überraschenden Vorstoß gewonnene entscheidende Raum wurde gegen alle Angriffe solange gehalten, bis das Gebirgsjägerregiment 91 herangekommen war. Trotz grundloser Wege kam das Gebirgsjägerregiment 91 in einem Gewaltmarsch von über fünfzig Kilometer der bedrohten Vorausabteilung noch am selben Tage rechtzeitig zur Hilfe.

Dem Gebirgsjägerregiment 13 gelang es, bei Peregonowka über den Jatranyfluss zu gehen und zur Entlastung des schwer bedrohten Gebirgsjägerregiments 91 und der Vorausabteilung den Ort Kopjenkowata von Westen anzugreifen. Hierbei wurde das Gebirgsjägerregiment 13 selbst aus Rogowo und über den Punkt 193 von russischen Gegenangriffen stark flankiert und bedroht.

Der Gegner, der über große Munitionsmengen verfügte (während unser Munitionsnachschub infolge der häufigen Regengüsse und daher grundlosen Wege besonders stark gehemmt war), fügte uns schon durch sein Feuer größere Verluste bei. Dazu kam noch, dass er sich, obwohl seine Angriffe immer wieder mit blutigen Verlusten für ihn abgewiesen wurden, stets mehr und mehr durch Zuzug von Norden her verstärkte, da seinen Kolonnen Kopjenkowata und Podwyssokoje mit den umgebenden großen Waldzonen als Marschziele gegeben worden waren. So kam es, dass gerade die 4. Gebirgsdivision, die in einem Raum von etwa fünfzehn Kilometern Frontbreite kämpfte, um Kopjenkowata und das Straßenkreuz südostwärts davon die schwersten Angriffe zu führen, aber ebenso die wütendsten Gegenangriffe der Russen auszuhalten hatte. Sammelte doch der Gegner seine Stoßmassen in und um Kopjenkowata, um in der Nacht vom 5./6. August nach Süden durchzubrechen. Seine Verluste nicht achtend und von Verzweiflung getrieben, stürzte sich der Gegner auf unsere Front. Infanterie, Panzer, Artillerie, Panzerjäger, Kavallerie und motorisierte Teile, sie alle versuchten, unser Feuer zu durchlaufen, was aber doch nur Bruchteilen gelang.

Ich danke Euch, Soldaten der 4. Gebirgsdivision, dass Ihr in dieser kritischen Nacht und an diesem Morgen des 6. Augusts durchgehalten habt. Unabsehbar wären die Folgen gewesen, wäre es dem Gegner gelungen, die Division zu überrennen, zu vernichten und mit seiner Masse nach Süden durchzubrechen. Auf diese jüngste Bewährungsprobe hin bin ich überzeugt, dass Ihr jeder künftigen, wenn auch noch so schwierigen Lage gewachsen sein werdet.

Alle bisherigen Leistungen der Division, besonders aber auch die Tage von Kopjenkowata, geben der Division das Anrecht, zu den besten und bewährtesten des Heeres gezählt zu werden […]"

In der Anlage zu diesem Sonderbefehl heißt es hingegen nur noch lapidar: „Der Kessel von Uman wurde vernichtet. In ihm befanden sich nach bisherigem Überblick die Reste von zwei Armeeoberkommandos (A.O.K.), sieben Schützen- und mechanisierte Korps und mindestens sechzehn Divisionen. Mit versprengten schwächeren Feindteilen noch Kämpfe vor Mitte und linkem Flügel der Armee am 7. August. Gefangene: 29.000, damit wurden seit 29. Juli aus dem Kessel nach vorläufigen Meldungen bei Armeeoberkommando 17 52.800 Gefangene eingebracht, dazu kommen noch äußerst starke, blutige Verluste des Gegners …"

Voller Stolz vernahmen die Gebirgssoldaten der „Vierten" aber auch den „Armeetagesbefehl" vom 9. August, den der Oberbefehlshaber der 17. Armee, General von Stülpnagel, an die ihm unterstellten Armeekorps, Divisionen und Regimenter gerichtet hatte:

„Die Armee hat im Zusammenwirken mit der Panzergruppe 1 den bisher vor ihrer Front befindlichen Feind, die russische 6. und 12. Armee, in den Kämpfen um Uman eingeschlossen und vernichtet. Die Zahl der Gefangenen beträgt über 100.000 Mann. Hiervon sind über 62.000 Mann bei der 17. Armee eingebracht, darunter der Oberbefehlshaber der 6. russischen Armee. Die blutigen Verluste des Gegners sind überaus hoch. Über 100 Kampfwagen, 450 Geschütze und unzähliges Kriegsgerät sind in die Hand der Armee gefallen. Die bisherigen Erfolge der Armee haben damit einen für die gesamten Operationen entscheidenden siegreichen Abschluss gefunden.

Die Opfer und Anstrengungen sind nicht umsonst gewesen. Im Ganzen hat die 17. Armee seit Kriegsbeginn 90.000 Gefangene eingebracht und 780 Panzerkampfwagen und 950 Geschütze erbeutet.

Voll Stolz dürfen alle Führer und Truppen auf ihre Leistungen zurückblicken. Ihnen allen gilt mein wärmster Dank und meine vollste Anerkennung."

Mit Lob wurden die Gebirgsjäger, die sich in der Tat überaus tapfer geschlagen hatten, förmlich überschüttet, aber eine Verschnaufpause, die sie nach den zurückliegenden Gewaltmärschen und den harten Kämpfen gegen die sich zäh schlagenden Russen so dringend benötigt hätten, wurde ihnen nicht gewährt.

Kaum hatten sie nämlich das Schlachtfeld um Uman geräumt, da ereilten sie bereits neue Befehle, die sie in Richtung Südosten, immer tiefer in die Weite des südrussischen Raumes, führen sollten.

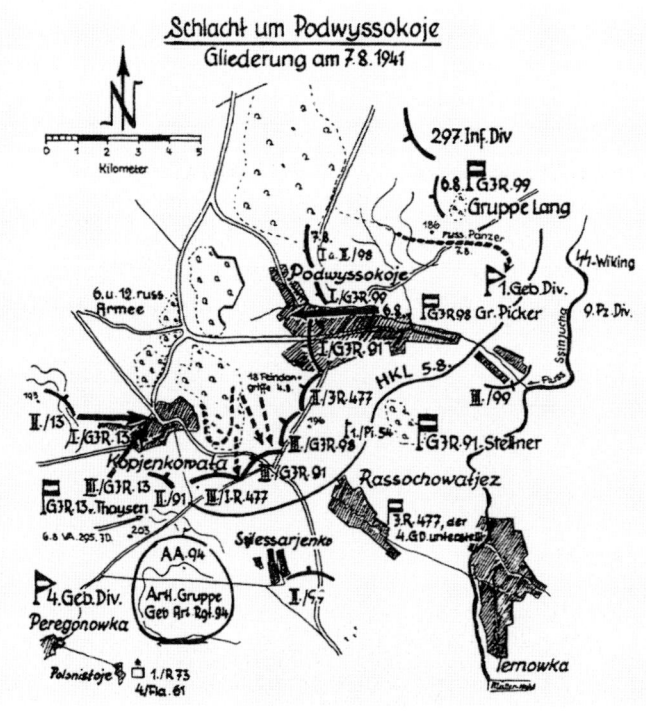

Karte von der Schlacht um Podwyssokoje zum Zeitpunkt des 7. August 1941.

*Der Ritterkreuzträger
Rudolf Schlee.*

*Ordensverleihungen nach Abschluss des Jugoslawienfeldzuges 1941
durch den Divisionskommandeur Karl Eglseer.*

*Letzter Ruhetag vor Beginn
des Russlandfeldzuges.*

*Vormarsch
des Gebirgsjägerregiments 13.*

*Unaufhaltsam
geht es Richtung Lemberg.*

*In brütender Hitze und auf staubigen Straßen
drängen die Gebirgsjäger dem zurückweichenden Gegner nach.*

*Sowjetstern mit Lenin und Stalin
in der Parkanlage der eroberten Zitadelle von Lemberg am 30. Juni 1941.*

*Durchbruch durch die „Stalinlinie". Zwei Gebirgsjäger bestaunen
eine Panzerkuppel im Vorbeigehen.*

Ein Volltreffer auf einen Eisenbahnknotenpunkt während des deutschen Vormarsches.

Brennende Dörfer in der Ukraine.

*Ein abgeschossenes sowjetisches
Aufklärungsflugzeug.*

*Ein abgestürzter
deutscher Doppeldecker.*

*Die Gebirgsjäger
nähern sich Uman.*

*Vier Kameraden
vor Angriffsbeginn.*

*Entlang der deutschen Vormarschstraße
liegt im Straßengraben jede Menge Kriegsgerät.*

*Zerstörtes Kriegsgerät an der „Straße des Todes"
nach der Umfassungsschlacht von Uman-Podwyssokoje.*

*Am Ende
der Nogaischen Steppe.*

Die Gebirgsjäger marschieren dem Donezbecken entgegen.

*Gigantisch sind die Kirowowerke in Makejewka,
die vor ihrer Zerstörung eine Belegschaft von 46.000 Mann hatten.*

*Ein nicht enden wollender Strom
von sowjetischen Kriegsgefangenen.*

Ein Soldat nimmt Abschied von seinen gefallenen Kameraden, deren Helme auf den Kreuzen stecken.

Weitere Gräber und Gedenkkreuze für die gefallenen Soldaten während des deutschen Vormarsches 1941.

Die Kämpfe in der Nogaischen Steppe

Nach der Umfassungsschlacht von Uman erhielt das XXXXIX. Gebirgsarmeekorps den Befehl, den Gegner weiter in südostwärtiger Richtung zu verfolgen, ihn zu stellen und zu bekämpfen. An diesen Auftrag hatte sich selbstverständlich auch die 4. Gebirgsdivision zu halten. Ursprünglich auf Jampol angesetzt, erhielt sie aus diesem Grund schon bald den Befehl, am 16. August in Richtung Nowo Ukrainka weiterzumarschieren.

Marschieren, marschieren, marschieren; das Los der Infanteristen aller Heere dieser Welt. Der Oberfeldwebel Schlee war da als Gebirgsjäger nicht ausgenommen. Wie doch die Devise seines Obersten Befehlshabers im Sommer 1941 lautete: Alles Bewegliche in Richtung Süden. Das bedeutete: Ukraine, Donezbecken und Rostow. Die Grundzüge für diese neuen operativen Ziele wurden am 21. August 1941 in einer „Führerweisung" festgelegt. In ihr waren die Schwerpunkte der Operationen im Russlandfeldzug jetzt eindeutig nach dem Süden und Südosten verlegt worden. Die Rohstofffrage stand dabei im Vordergrund.[21]

Das XXX. Armeekorps erhielt daher den Auftrag, den Übergang über den Dnjepr zu erzwingen. Die Vorbereitungen und Planungen des gigantischen Brückenschlages am Dnjepr bei Rerislaw lagen beim Gebirgspionierregimentsstab 620. Der schwere Brückendienst – ständig in dem Bewusstsein, den sowjetischen Luftangriffen hoffnungslos ausgesetzt zu sein – und der Kampf um die Erhaltung der rund 480 Meter langen Pontonbrücke, die aus 116 Pontons zu 58 Fähren bestand und in einer einzigen Nacht zusammengefahren wurde, oblag den Gebirgspionierbataillonen der 1. und 4. Gebirgsdivision. Viele Gebirgspioniere der „Enziandivision" fielen im harten Brückeneinsatz. Der einmalige Brückenschlag über den breiten Dnjepr bei Berislaw war während des Zweiten Weltkrieges eine absolute Spitzenleistung einer fundierten pioniermäßigen Schulung und Ausbildung.

Zuversichtlich überschritt Schlee mit den fechtenden Truppenteilen der 4. Gebirgsdivision am 14. September die Pontonbrücke über den mächtigen Strom. Nach dem erzwungenen Übergang bog die „Vierte" scharf nach Nordosten ab, um den am Dnjepr angeschlagenen Gegner in Richtung der Linie Melitopol – Dnjeprknie zu verfolgen. Dabei setzte Generalmajor Eglseer anfangs das Gebirgsjägerregiment 13 entlang des Dnjepr an, während die verstärkte Gruppe des Gebirgsjägerregiments 91 den Angriff in Richtung Werchnij-Rogatschik vorzutragen hatte. Ihre Vorausabteilung löste die Gruppe Lang der 1. Gebirgsdivision ab. Sie hatte nun das weiträumige Gebiet der Dnjepr-Niederung von Feindresten zu säubern.

Für den 16. September ordnete das XXXXIX. Gebirgsarmeekorps die Fortsetzung des Angriffs in nordostwärtiger Richtung an. Die 4. Gebirgsdivision hatte dabei nach besten Kräften die feindliche Dnjeprverteidigung in Richtung Boljschaja Lepiticha, das dann in der Tat in die Hand des Gebirgsjägerregiments 13 fiel, aufzurollen. Das Gebirgsjägerregiment 91 erreichte währenddessen im entfalteten Vorgehen die Straße Rubanowka – Boljschaja – Lepiticha.

Im Großen und Ganzen gesehen hatte die „Vierte" allerdings weiterhin den Auftrag, die Dnjeprverteidigung der Russen aufzurollen und dabei möglichst weit Raum nach Nordosten zu gewinnen.

In einer Zeit, in der die Rote Armee auf der gesamten Front des XXXXIX. Gebirgsarmeekorps (1. und 4. Gebirgsdivision sowie 170. Infanteriedivision) keinen stärkeren Widerstand leistete, übernahm General von Manstein, den der englische Militärschriftsteller Liddell Hart als den „gefährlichsten Gegner der Alliierten", als einen „Mann, der die moderne Auffassung der Beweglichkeit mit einem klassischen Verständnis für die Kunst des Manövrierens", der „die Meisterung des Details mit großer Führungskraft vereinigte", bezeichnete, den Oberbefehl über zwei Armeen; nämlich über die 11. deutsche und die 3. rumänische Armee. Der alte Oberbefehlshaber der 11. Armee, Generaloberst Ritter von Schobert, war mit seinem Fieseler Storch am 12. September 1941 in einem sowjetischen Minenfeld auf dem Schlachtfeld von Antonowka gelandet. Das Flugzeug brannte aus. Der Oberbefehlshaber war tot.

Ab 17. September 1941, als General von Manstein, einer der bedeutendsten Strategen des Zweiten Weltkrieges, in seinem Armeehauptquartier in Nikolajew eingetroffen war, stand nun der Feldzug der 11. Armee – und damit auch der des unterstellten XXXXIX. Gebirgsarmeekorps – unter dem unbeugsamen Willen dieser markanten Führerpersönlichkeit.

Die ersten harten Kämpfe, die die „Enziandivision" unter der Führung Mansteins zu bestehen hatte, erfolgten am sowjetischen Panzerabwehrgraben von Timoschewka, das Werk eines gigantischen Menscheneinsatzes.

Generalmajor Eglseer entschloss sich erst nach eingehender Erkundung und gründlicher Vorbereitung zum Angriff gegen dieses Bollwerk. Oberst Ritter von Stettner, der Kommandeur des Gebirgsjägerregiments 91, hatte hierbei mit seinen Gebirgsjägern hervorragende Aufklärungsarbeit geleistet. Ihm wurde auch die Angriffsführung mit dem verstärkten Gebirgsjägerregiment 91 anvertraut.[22]

Man schrieb den 24. September 1941 in die Kriegstagebücher der Divisionen und Regimenter, als das rumänische Gebirgskorps den Befehl über den bisherigen Frontabschnitt der 1. Gebirgsdivision und des verstärkten Gebirgsjägerregiments 91 übernommen hatte. Auch die Ablösung des Gebirgsjägerregiments 13 zwischen Malaja Belosjorka und Balki ging in der Nacht vom 24. auf den 25. September ohne Zwischenfälle vonstatten. Der Stab der 4. Gebirgsdivision blieb allerdings mit dem Gebirgsjägerregiment 13 und dem I. Abteilung/Gebirgsartillerieregiment 94 – als hätten sie bereits eine dunkle Vorahnung, was auf die „Enziandivision" zukommen sollte – bis auf Weiteres in Boljschaja Belosjorka. Und in der Tat; wie aus heiterem Himmel begann der Russe, als hätte er den rumänischen Braten gerochen, am

25. September 1941 seine Offensive am Panzerabwehrgraben von Timoschewka. Währenddessen aber marschierten die abgelösten Teile der 4. Gebirgsdivision bereits in Richtung Südosten, beseelt von dem Gedanken, bald auf der sonnigen Krim eingesetzt zu werden. Umso härter traf sie der Befehl zur Umkehr in den alten, verhassten Kampfabschnitt aufgrund der veränderten Lage, die eindeutig auf ein Zerschlagen der Front durch die Sowjets bei den rumänischen Verbänden abzielte. Um das zu verhindern, traf das XXXXIX. Gebirgsarmeekorps alsbald die entsprechenden Gegenmaßnahmen:

„1. Feind in Stärke etwa einer Division mit einem Tankbataillon hat am 28. September mit Schwerpunkt zwischen Malaja und Boljschaja Belosjorka hindurch nach Südwesten angegriffen. Es ist ihm gelungen, in Richtung Mogila Kuljbatschina Raum zu gewinnen. Nördlich Mogila Kuljbatschina griff er gegen 11.00 Uhr noch an. Die Angriffe gegen die 4. deutsche Gebirgsdivision wurden ostwärts und nordwärts Boljschaja Belosjorka zum Stehen gebracht. Bei Punkt 78 (zehn Kilometer nordwestlich Kirche Boljschaja Belosjorka) wurde der Feind auf Dnjeprowka zurückgeworfen. Lage um Dnjeprowka noch ungeklärt.
2. 2. rumänische Gebirgsbrigade ist mit dem unterstellten Jägerregiment 401 gegen 11.00 Uhr in Malaja Belosjorka wieder eingedrungen. Um Mogila Kuljbatschina hält das ebenfalls der 2. rumänischen Gebirgsbrigade unterstellte rumänische Kavallerieregiment 2.4. deutsche Gebirgsdivision hält mit 4. rumänischen Gebirgsbrigade, verstärktem Gebirgsjägerregiment 13 und der Vorausabteilung die allgemeine Linie Punkt 42,3 (neun Kilometer ostwärts Kirche Boljschaja Beldsjorka) – Mogila – Iwantschina – Zwetkowo – Punkt 78 (zehn Kilometer nordwestlich Kirche Boljschaja Belosjorka)."

Der Gegenangriff des XXXXIX. Gebirgsarmeekorps und seiner unterstellten Divisionen konnte beginnen, nachdem es den Gebirgsjägern noch am 28. September gelungen war, alle Feindangriffe in der Front und an der verwundbaren Flanke abzuwehren. Absicht der wiedervereinigten 4. Gebirgsdivision war es nun, zunächst mit dem Gebirgsjägerregiment 13 in der Abwehr zu verbleiben und den entlastenden Gegenangriff mit dem Gebirgsjägerregiment 91 über das Schwesterregiment hinweg zu führen.

Die Eroberung des Donezbeckens

Generalmajor Eglseer hatte mit seiner 4. Gebirgsdivision im Rahmen der sich abzeichnenden Vernichtungsschlacht von Mogila Tokmak Anfang Oktober 1941 den Westrand des Donezgebietes erreicht. Die Panzergruppe 1 des Generaloberten Ewald von Kleist, die um den 10. Oktober in 1. Panzerarmee umbenannt wurde, hatte zu dieser Zeit mit dem III. und XIV. Panzerkorps, die später durch das XXXXIX. Gebirgsarmeekorps und die Leibstandarte „Adolf Hitler" verstärkt wurde, den Befehl erhalten, das Industriegebiet am Donez, das man zu Recht als das „Ruhrgebiet der Sowjetunion" bezeichnete, so bald wie möglich in Besitz zu nehmen und alsdann auf Rostow vorzugehen, um dort eine günstige Ausgangsstellung für einen Vorstoß gegen den Kaukasus zur Abschnürung der sowjetischen Ölzufuhr zu schaffen. Um dieses weitgesteckte Ziel zu erreichen, galt es erst einmal, den Widerstand der sowjetischen 9. und 18. Armee am Asowschen Meer zu brechen.

Am 8. Oktober drängte die Rote Armee bei Semjonowka gegen die 4. Gebirgsdivision, die ihr ihre Abmarschwege versperrte. Es war Punkt 09.10 Uhr, als die Sowjets mit zwei Bataillonen, unterstützt von massierter Artillerie, das Gebirgsjägerregiment 91 in Semjonowka angriffen. Dabei brachten sie besonders das II. Bataillon/Gebirgsjägerregiment 91 in arge Bedrängnis. Doch konnte der eingebrochene Gegner unter dem letzten Einsatz geworfen werden. Nun ergriffen die Gebirgsjäger ihrerseits die Initiative. Am Nachmittag traten das I. und II. Bataillon des Gebirgsjägerregiments 91 gegen den Ostteil von Semjonowka an und säuberten den Ort, nachdem sie ihn eingenommen hatten, vom Feind.

Währenddessen schloss das Gebirgsjägerregiment 13 im Raum Nowo Michailowka – Balka – Kaikulka auf; den Gebirgsjägern war damit die Einkreisung des Gegners am Mogila Tokmak gelungen. Von diesem alles überragenden Hügel bot sich General Eglseer und seinen Kommandeuren ein einzigartiges Bild des Gefechtsfeldes. Allerorten rauchten brennende Fahrzeuge. Dem General und seinen Offizieren bot sich das Bild der Vernichtung eines tapfer kämpfenden Gegners, während die 4. Gebirgsdivision von Westen her den Ring um die eingeschlossenen Sowjets immer enger und enger zog; so eng, dass sie schier erdrückt wurden. Der Raum um Semjonowka wurde von den Gebirgsjägerregimentern 13 und 91 anschließend von Resten des zersprengten Feindes gesäubert. Am 10. Oktober waren dann die letzten gegnerischen Einheiten vernichtet.

Wieder war eine Schlacht von den Deutschen geschlagen, wieder ein Sieg von Eglseers Gebirgssoldaten errungen worden, aber der Russlandfeldzug ging dennoch weiter. Nach Abschluss der Kesselschlacht am Asowschen Meer wurde dem XXXXIX. Gebirgsarmeekorps eine neue, interessante Aufgabe gestellt: Zusammen mit der 1. Panzerarmee sollte der Vorstoß auf Rostow geführt werden. Panzerverbände wurden wieder mit Gebirgsjägern und Infanterie gekoppelt. Das Gebirgsarmeekorps, dem die 1. und 4. Gebirgsdivision sowie die 198. Infanteriedivision unterstellt waren, hatte von der Armee den Auftrag erhalten, das Industriegebiet von Stalino – Makejewka zu besetzen und die Nordflanke des Panzervorstoßes zu decken. Der Ablauf dieser Operation führte wieder zu dramatischen Höhepunkten.

Die Verfolgung des schwer angeschlagenen Gegners wurde im weiteren Verlauf des Ostfeldzuges 1941 nicht so sehr durch den Widerstand der Sowjets als vielmehr durch die dem deutschen Soldaten bisher unbekannte und berüchtigte russische herbstliche Schlammperiode aufgehalten. Umso erstaunlicher war es, dass es Eglseer und seinen Gebirgssoldaten dennoch gelang, weiter in das Industriegebiet des Donez vorzudringen.

Der 10. Oktober 1941 war für die 1. wie für die 4. Gebirgsdivision in zweierlei Hinsicht ein bedeutungsvoller Tag. Zum einen leitete er eine Operation ein, in deren späteren Verlauf Teile der beiden Divisionen im Kaukasus zum Einsatz kommen sollten, zum anderen wurde der XXXXIX. Gebirgsarmeekorps der 1. Panzerdivision des Generaloberst von Kleist, mit der die „Enziandivision" bereits während des Jugoslawienfeldzuges gesiegt hatte, unterstellt.

Der mit aller Macht hereinbrechende russische Herbst brachte starke Regengüsse mit sich, die die Marschwege im Donezgebiet fast grundlos aufweichen. Der Kampf mit dem Schlamm überstieg nahezu jedes menschliche Maß. Aber trotz der widrigen Wetterbedingungen gelang der 4. Gebirgsdivision, die sich seinerzeit in die Gefechtsgruppen der verstärkten Gebirgsjägerregimenter 13 und 91 unter Oberst von Thayssen bzw. Ritter von Stettner gliederte, im Verband des XXXXIX. Gebirgsarmeekorps ein verhältnismäßig zügiger Vormarsch auf das ukrainische Industriegebiet von Stalino – Makejewka, der allerdings mehrfach durch sowjetische Gegenangriffe gehemmt wurde.

Im Morgennebel des 20. Oktobers 1941 lag das große Industriegebiet von Stalino und Makejewka unmittelbar vor Generalmajor Eglseer und seinen Männern. Schlackenhalden kennzeichneten die Industrielandschaft. Geradezu riesenhaft überragten die Kirowo-Werke in Makejewka, rund 12 Kilometer ostwärts von Stalino, die Umgebung. Vor der sowjetischen Zerstörung zählte ihre Belegschaft 46.000 Mann. Wie einst um Lemberg, so erwarteten die Deutschen auch um Stalino einen heftigen Kampf. Nicht zuletzt auch deshalb, weil die Stadt einerseits inmitten großer Kohlevorkommen und Industrieanlagen liegt, andererseits weil sie den Namen Stalins trug. Wider Erwarten kam es aber hier nicht zum großen Schlagabtausch, sodass die Stadt von den Gebirgstruppen unverzüglich eingenommen wurde. Damit fiel eines der größten und bedeutungsvollsten Rüstungszentren der Sowjetunion in die Hand der Deutschen. Aber der sowjetische Widerstand war damit noch lange nicht gebrochen.

Die Winterkämpfe am Mius 1941/1942

Jäh brach der russische Winter herein; früher als sonst, vermerkten die Deutschen voller Bitterkeit, und brachte empfindliche Kälte, scharfe Ostwinde und viel Schnee. Über das weite Land brauste der alles erstarrende, eisige „Buran", der sich nicht selten zum wütenden Orkan steigerte. Eine winterliche Hülle verformte das Land. Oft verwischten sich die Konturen. Die Landschaft uniformierte sich, wurde einheitlicher und klarer. Dürftige Hütten gaben den Gebirgsjägern Unterkunft – solange sie nicht draußen auf Posten stehen oder Spähtrupp laufen mussten. Währenddessen sicherten die Kameraden von der Flak den Luftraum gegen feindliche Flieger. Zwar verzeichneten Eglseers Männer am Mius hier und da noch kleinere örtliche Erfolge, aber im Großen und Ganzen hatte sich der Angriffsschwung der Deutschen festgelaufen.

Wie war es dazu gekommen?

Kaum hatten die Landser den Sowjets den Miusabschnitt in dramatisch verlaufenden und verlustreich geführten Kämpfen entrissen, da bahnte sich eine unvorhergesehene Krise an, in die auch die 4. Gebirgsdivision hineingerissen werden sollte. Bereits am 17. Oktober war das XIV. Panzerkorps mit vier Divisionen zum Stoß auf Rostow angetreten und hatte die Stadt samt der 300 Meter langen Eisenbahnbrücke, die über den Don führte und den deutschen Vormarsch in den Kaukasus beschleunigen sollte, erobert. Doch da kam die Wende. Mit frisch herangeführten Truppen gelang es den Sowjets, Rostow zurückzuerobern.

Mehr noch: Die deutschen Panzerverbände mussten sich infolge der massiert vorgetragenen sowjetischen Gegenangriffe vom Don zurückziehen, wollten sie nicht Gefahr laufen, zerschlagen zu werden. Was das bedeutete, war klar. Das sieggewohnte deutsche Ostheer musste im Südostabschnitt den ersten Rückzug antreten. Der generalstabsmäßig abgelaufene deutsche Bewegungskrieg wurde im Winter 1941/1942 zum uneinkalkulierten Stellungskrieg. Aufgrund des militärischen Rückschlages bei Rostow und wegen der Missachtung von Hitlers „Durchhalte-Theorie", die besagte, dass jede einmal besetzte Stellung unter allen Umständen zu halten sei, enthob der Oberste Befehlshaber den Generalfeldmarschall Gerd von Rundstedt, der allgemein von allen hohen Truppenführern als der operativ fähigste galt, als Oberbefehlshaber der Heeresgruppe Süd und ersetzte ihn durch Walter von Reichenau. Aber auch er konnte infolge der fortgeschrittenen Jahreszeit an der ins Wanken geratenen Front nicht mehr viel ändern. Hitler übernahm nun selbst den Oberbefehl über das Heer.

„Rückzug in gesicherte Linien und Stellungen", lautete die einzig richtige Parole in dieser kritischen Lage.

Die Ruhepause, die so dringend erforderlich gewesen wäre, konnte der überstrapazierten Truppe allerdings nicht gewährt werden. Die „Enziandivision" blieb daher weiter im harten Fronteinsatz. Trotz der deutschen Rückschläge bei Rostow, trotz des massiven Vorwärtsdrängens der Sowjets und trotz des sich zusehends verschlechternden Zustandes der Truppe aufgrund der ständig hohen Anforderungen und Verluste – die Verluste des deutschen Ostheeres betrugen vom 22. Juni bis zum 1. Dezember 1941: 162.314 Tote, 33.334 Vermisste und 571.767 Verwundete! –, trotz all dieser Widrigkeiten verliefen die deutschen Absetzbewegungen zu den Stellungen am Mius ohne entscheidende Kampfhandlungen.

Für den 3. Dezember 1941 befahl das Generalkommando XXXXIX Gebirgsarmeekorps: „XXXXIX. Gebirgsarmeekorps richtet sich auf seinem rechten Flügel zur nachhaltigen Verteidigung am Miusabschnitt ein und hält mit Mitte und linkem Flügel die bisherige Stellung."

Dieses – noch vorläufige – Halten war unbedingt erforderlich, um Zeit zu gewinnen, damit die „Mius-Stellung" den Umständen entsprechend weiter ausgebaut und Brennmaterial, Lebensmittel und andere wichtige Versorgungsgüter für die Winterbevorratung herbeigeschafft werden konnten. Wenn die Truppe schon im harten russischen Winter inmitten der weiten rauen Naturlandschaft die Front halten musste, so sollte sie nach Ansicht Eglseers und seiner Kommandeure doch wenigstens das Gefühl haben, dass diese Stellung eine gewisse Sicherheit und einen hinreichenden Schutz gegen die Unbilden der erbarmungslosen Naturgewalten bot. Von diesen Gedanken und Vorstellungen ließ man sich auch beim Ausbau der „Mius-Stellung" leiten.

Daher begann man mit unheimlicher Zähigkeit und Ausdauer den Ausbau der Hauptkampflinie westlich des Mius. Und das war gut so, denn der russische Winter hatte unwiderruflich seinen Anfang genommen. Sehr kalte Tage und noch eisigere Nächte machten der Truppe schwer zu schaffen. Tiefgefroren war der Boden, in den die Landser Erdlöcher, Deckungsgräben und Bunker bauen mussten. An eine wie auch immer geartete offensive Operation war überhaupt nicht mehr zu denken. Die für einen Winterkampf nur unzureichend ausgerüsteten Gebirgssoldaten waren schon heilfroh, wenn sie sich der Gegenangriffe der Roten Armee erwehren konnten.

Die Stellungskämpfe am Mius während des Winters 1941/1942 bei einem ständigen eiskalten Ostwind und großer Kälte waren für die Truppe überaus hart. Sofern es der Gegner zuließ, kam die Truppenbetreuung nicht zu kurz. In den langen Wintermonaten lernten Oberfeldwebel Rudolf Schlee und seine Kameraden das ukrainische Volksleben bei Gesang, Tanz und musikalischen Darbietungen kennen. Daneben wurden auch deutsche Filme und die beliebte Wochenschau vorgeführt.

Was die Betreuung der Truppe anbetraf, so hatte diese selbstverständlich auch nationalsozialistisch ausgerichtet zu sein. Nicht umsonst beteiligten sich daran unter anderem führende Männer der NSDAP. So besichtigte im Winter 1941 „Hitlers politischer General" Karl Wahl die Gebirgsjäger im Südabschnitt der Ostfront. Das hatte einen guten Grund. Denn der NS-Gauleiter des Reichsgaues Schwaben gab seit 1940 die Halbmonatszeitschrift „Front und Heimat" für die schwäbischen und alpenländischen Frontsoldaten heraus. Nach Kriegsende leitete er von 1958 bis 1968 die Bibliothek des Rüstungskonzerns Messerschmitt-Bölkow-Blohm in München-Ottobrunn.

„Als Herausgeber", so der SS-Obergruppenführer Wahl, „musste ich mich […] zwischendurch an Ort und Stelle vergewissern, ob unsere kleine Frontzeitung die Soldaten immer noch ansprach oder ob wir an ihnen vorbeischrieben."[23] Das war jedoch keineswegs der Fall. Denn neben heiteren und erbaulichen Beiträgen veröffentlichte Karl Wahl darin auch Artikel mit rein propagandistischem, teilweise sogar mit eindeutig antisemitischem Gedankengut.[24]

Das Ziel dieser Mischung aus Soldatenhumor und NS-Propaganda war eindeutig und bedurfte für Eingeweihte keiner besonderen Erklärung. Auf diese Weise wurde die deutsche Gebirgstruppe, bei der das nationalsozialistische Gedankengut auf einen besonders fruchtbaren Boden fiel, noch vor der Einführung des Nationalsozialistischen Führungsoffiziers (NSFO) nationalsozialistisch und in gewisser Hinsicht auch antisemitisch infiltriert. Hierzu trugen auch die zahlreichen Schriften des SA-Obergruppenführers und ehemaligen Gauleiters von Oberbayern Fritz Reinhardt bei, der den „Parteienstaat" von Weimar massiv bekämpfte und zum „Adolf-Hitler-Staat" umfunktionieren wollte. Reinhardts Antisemitismus offenbarte sich unter anderem in den diskriminierenden Steuervorschriften gegen sämtliche Juden. Nicht umsonst bezeichnete die SS den Holocaust zunächst als „Aktion Reinhardt".[25]

Ein Beispiel für den Soldatenhumor in der von Gauleiter Karl Wahl herausgegebenen Zeitung „Front und Heimat".

Front und Heimat
Soldatenzeitung d. Gaues Schwaben

Nummer 98
Einzelpreis 20 Pfg.

15. Oktober 1944

DER FÜHRER SPRACH:

Andere Generationen, sie lernen von Heldensagen, von Heldenzügen. Wir haben diese Sage gelebt und sind mit im Zug marschiert. Ob der Name des einzelnen von uns der Nachwelt erhalten bleibt, spielt keine Rolle. Wir sind zusammengebunden in einer einzigen großen Erscheinung. Sie wird bleiben. Sie wird nimmermehr in Deutschland vergehen, und aus den Opfern der ersten Kämpfer heraus wird stets von neuem die Kraft zu Opfern kommen.

Herausgegeben von Karl Wahl

Titelblatt der von Karl Wahl herausgegebenen Soldatenzeitung „Front und Heimat" mit einem Zitat Adolf Hitlers, erschienen am 15. Oktober 1944.

Liebe schwäbische Frontsoldaten!

Ein noch nie dagewesener wilder Wirbel von Schlachten und Gefechten nimmt in diesen düsteren Herbstwochen eure körperlichen und seelischen Kräfte in einer Weise in Anspruch, daß die Heimat mit vollem Recht mehr denn je um euer Schicksal bekümmert ist. Oh, wäre es doch mit geschriebenen Worten möglich, euch in den Stunden übermenschlicher Strapazen und beklemmender Todesnot die heiße Liebe und kameradschaftliche Zuneigung der Daheimgebliebenen als kleine, aber doch wohltuende Kraftquelle in vollem Umfang fühlbar zu machen.
Noch stehen wir inmitten schwerster Prüfungen und es sieht fast so aus, als ob die letzte große Generalprobe der Nation erst im Anzug wäre. Was aber bisher schon an schier unerfüllbaren Aufgaben von Front und Heimat gemeistert wurde, das ist einmalig und kein anderes Land wäre damit fertig geworden. Das berechtigt mehr als alles andere zu dem festen Glauben, daß nach Durchstehen dieser bösen Heimsuchungen der Allmächtige dem deutschen Volk den verdienten Segen nicht versagen kann. Bemühen wir uns, entgegen allen inneren Anfechtungen täglich härter zu werden, nicht aber, wie dies fälschlicherweise oft aufgefaßt wird, gegen unsere Mitmenschen, sondern gegen uns selbst und fangen wir nicht an zu straucheln gerade in dem geschichtlichen Augenblick, in dem wir zwar unsagbar schwer, aber vielleicht zum letztenmal von der unerforschlichen, göttlichen Vorsehung gewogen werden. Sage mir keiner: „Ja, du als Gauleiter hast leicht reden, aber wir ... usw." Mein Kriegsdasein unterscheidet sich in nichts von der anderer Volksgenossen, auch mich — das dürfen Sie mir glauben — begleitet der gespenstische Schatten dieses unseligen Krieges auf allen Wegen und Stegen und niemand im Gau Schwaben greift das leidvolle Schicksal unseres Volkes mehr ans Herz, als mir. Wer in dieser schweren Kriegszeit, da unser braves Volk durch die ganze Skala menschlicher Kümmernisse hindurchschreiten muß, seine Führungsaufgabe nicht nur als eine Existenzfrage, sondern als eine Herzensangelegenheit betrachtet, der hat ein großes Bündel auf seinem Rücken, um das ihn niemand zu beneiden braucht. Oft und oft denke ich vergleichsweise zurück an die erste Weltkriegszeit, da ich als Soldat meine Pflicht an der Front erfüllte, unbeschwert von allem dem, was mir heute oft zentnerschwer auf der Seele lastet. Ich bin weit entfernt, darüber zu klagen, ich erwähne dies nur, um zwischen uns Klarheit zu schaffen. Ohne Führung geht es nicht, am allerwenigsten im Kriege. Die Masse des Volkes neigt in kritischen Zeiten stets zu Unüberlegtheiten. Vom „Hosiana" zum „Kreuziget ihn" ist oft nur ein kurzer Weg. Darum muß die Führung eines Volkes in eiserner Konsequenz das Ziel ausstecken und ohne Rücksicht auf Gunst oder Ungunst in unduldsamer Beharrlichkeit darauf losmarschieren und dafür Sorge tragen, damit das Volk im Dunst und Nebel der mannigfachen Kriegssorgen nicht vom richtigen Weg abkommt, daß es vor allem nach hundertfacher stolzer Bewährung kurz vor dem Ziel schlapp macht und dadurch um die wohlverdienten Früchte seines vorbildlichen Einsatzes kommt.
Gott hat das deutsche Volk noch nie verlassen, so lange es sich seiner Gnade würdig erwiesen hat. Ein 1918 hat es nur deswegen gegeben, weil eine entartete jüdische Führung das Volk vom guten Weg abgebracht hat. So sehr auch ein Volk, das zwei lange und schwere Kriegsjahre aufgebürdet bekam, und das nun erneut von seinen Bundesgenossen schnöde im Stich gelassen wurde, zu Vergleichen zwischen damals und heute neigt, so steht dem gegenüber, daß sich in der Geschichte eines Volkes nichts wiederholt. Der Unterschied zwischen einst und jetzt ist trotz der augenblicklichen angespannten Kriegslage wie Tag und Nacht. Heute gibt es keinen Bethmann-Hollweg, sondern einen Adolf Hitler. Das verdiente Los unserer einstigen Verbündeten gibt uns Anschauungsunterricht genug über das, was uns blühen würde, wenn wir ebenso feig kapitulieren würden. Ein jüdisches Blutregiment, ein unter der Schirmherrschaft der Besatzungsmächte stehender Kampf aller gegen alle, ein Vernichten alles Guten bis das Schlechte triumphieren und zuguterletzt der jüdisch geleitete Abschaum des Volkes das bolschewistische Szepter endgültig in die Hand nehmen würde. Heute noch brennt die Schande des Jahres 1918/19 in den Herzen aller Vaterlandsfreunde und, weiß Gott, das war nur ein Kinderspiel gegenüber dem, was sich bei einer zweiten Katastrophe in einem nationalsozialistischen Staat zwangsläufig abspielen müßte. Wen nicht schon allein beim Ausmalen dieser Zustände das Grauen überkommt, den muß aber tiefste Scham und Entsetzen packen, wenn er sich vergegenwärtigt, daß die Opfer dieses Krieges alle umsonst gebracht worden wären. Eine nationalsozialistische Volksführung würde das nie zulassen, sie stirbt eher, als daß sie das Volk der Schande und Knechtschaft ausliefert und die Front verrät. So strahlend euer Heldentum täglich vor unseren Augen steht und uns immer wieder Kraft, Ruhe und Sicherheit spendet, so möget auch ihr in Stunden des Grübelns einen Angelpunkt der Zuversicht und des Glaubens finden in den Tugenden eurer Heimat. Wir wissen, daß eure Kriegslast ungleich schwerer ist als die der Heimat und gerne würden wir euch — wenn man nur wüßte wie — etwas davon abnehmen.
Als ich vergangene Woche zum zweitenmal die Front kennenlernen durfte, und in der Feuerstellung einer Feld-Artillerie-Abteilung östlich von Remiremont die mir vertraute alte liebe Waffe wieder in Tätigkeit sah, da wollte ich es kaum glauben, daß zwischen damals und heute schon nahezu 30 Jahre verflossen sind. Ich fühlte, daß wir auch heute noch mit diesen Geschützen umgehen könnten, wenn auch nicht so gut wie ihr, und weiter fühlte ich im Kreise dieser jungen, prächtigen Waffenkameraden aufs neue die Allmacht der Verbundenheit der beiden Frontsoldaten der beiden Kriege, die, wenn alle Stricke reißen sollten, allein schon die Gewähr gibt, daß kein Irdischer die harmonische Kriegsehe zwischen Front und Heimat trennen kann.
Ich glaube euch jetzt im Fegefeuer des gegenwärtigen Kriegsgeschehens nichts besseres schreiben zu können und verbleibe mit allen guten Wünschen und herzlichen Heimatgrüßen

Euer Karl Wahl

Sonntag, den 15. Oktober 1944.

Im Editorial versucht Wahl deutlich, sich mit den Frontsoldaten auf eine Stufe zu stellen und spricht ihnen Mut zu. Gleichzeitig wird Wahls Antisemitismus sehr deutlich.

Die Ostfront war zum Jahreswechsel 1941/1942 in Eis und Schnee erstarrt. Frierend standen die Gebirgsjäger in den Erdlöchern der Vorhangstellungen und sahen mit geröteten Augen über den zugefrorenen Mius, in dem sich riesige Eisschollen übereinander türmten und daher ein schwer zu überwindendes Hindernis bildeten; sie spähten auf die gegenüberliegenden Uferböschungen, um die Aktivitäten des Gegners zu beobachten. Nicht selten lagen kaum 50 Meter zwischen den deutschen und den sowjetrussischen Soldaten, die sich gegenseitig wie die Tiere belauerten. Kaum hatte jemand seine schützende Deckung verlassen, schon krachte ein Schuss. Dann war es wieder still, als wäre nichts geschehen. Nur der schneidende Ostwind mit seinen ungeheuren Schneeverwehungen heulte weiterhin monoton über die Stellungen von Freund und Feind hinweg.

Hinter der Hauptkampflinie lag das Gros der 4. Gebirgsdivision. Die Jäger waren, sofern sie nicht zu Sicherungs- oder Spähtruppaufgaben herangezogen wurden, in sogenannten Wärmebunkern, die meist überfüllt waren, untergeschlüpft, um sich den Umständen entsprechend vor den ungewohnten Kältegraden, die sich nicht selten zwischen 20 bis 40 Grad minus bewegten, zu schützen. Doch dieses Zusammenrückenmüssen hatte auch seine unbestreitbaren Vorteile. In jenem kalten Miuswinter wuchs die Truppe mit ihrem General und seinen Kommandeuren zu jener Schicksalsgemeinschaft zusammen, von der sie während der härtesten Belastungsproben in den kommenden Kriegsjahren noch lange zehren sollte. Den Deutschen war es schließlich – anders als der „Grande Armée" des Kaisers Napoleon I. im Jahre 1812 – gelungen, dem russischen Winter und der Roten Armee Paroli zu bieten. Die Winterkrise der Franzosen war der Deutschen Wehrmacht erspart geblieben. Diese Tatsache stärkte das Selbstvertrauen der Kommandeure, Führer und Unterführer und ihrer Truppe in einem ungeheuren Maße.

Über den Don zum Kaukasus

Das Kriegsjahr 1942 begann für das XXXXIX. Gebirgsarmeekorps mit einem Wechsel des Kommandierenden Generals. General der Infanterie, später der Gebirgstruppen, Ludwig Kübler war bereits am 18. Dezember 1941 abberufen worden, um den Oberbefehl über die 4. Armee, die vor der sowjetischen Hauptstadt Moskau – von Eis und Schneestürmen bewegungsunfähig gemacht – förmlich in der Erde erstarrt festlag, zu übernehmen. Sein Nachfolger wurde General Rudolf Konrad, der die Führung des bewährten Gebirgskorps am 3. Januar 1942 übernahm. Sofort begann der neue Kommandierende General, die ihm unterstellten Divisionen und Regimenter in ihren jeweiligen Frontabschnitten am Mius aufzusuchen, um sich an Ort und Stelle ein Bild von der Lage der Truppe zu machen. Bereits zwei Tage nach der Befehlsübernahme orientierte er sich über den Zustand der 4. Gebirgsdivision. Nach diesem Truppenbesuch notierte Konrad in seinem Tagebuch:

„5. Januar: Bei 4. Gebirgsdivision (führt zurzeit der ausgezeichnete Wintergerst, Artilleriekommandeur des Korps; der Divisionskommandeur ist krank in der Heimat). Bei Gebirgsjägerregiment 91: Frontbreite des Regiments sieben Kilometer. Alle drei Bataillone sind eingesetzt; je Kompanie 40 bis 45 Mann auf 700 bis 800 Meter Frontbreite. Regimentsreserve: eine neugebildete Jägerkompanie mit einem Zug schwerer Maschinengewehre (vier Gewehre) und einem Zug Infanteriegeschütze. Diese Lösung ist noch die günstigste. Bei Gebirgsjägerregiment 13: Frontbreite zehn Kilometer; zwei Bataillone in vorderer Linie, ein Bataillon Regimentsreserve.

Vordere Linie weniger als eine Postenaufstellung zur Sicherung der schweren Waffen und der Artillerie. Sofortige Änderung ist notwendig."[26]

Im Frühsommer 1942 waren die Deutsche Wehrmacht und ihre verbündeten italienischen, rumänischen, ungarischen und slowakischen Truppen an der Ostfront zum Angriff angetreten, dessen Schwerpunkt bei der Heeresgruppe Süd lag. Hitler war der Meinung: „Der Russe ist am Ende seiner Kraft." Daher sollte ein exzentrischer Angriff aus dem Donbogen mit einer nördlichen Armeegruppe in östlicher Richtung gegen das Wolgaknie bei Stalingrad und mit einer südlichen Armeegruppe in südlicher Richtung gegen die Erdölgebiete von Maikop und Grosnj und gegen den Kaukasus vorgetragen werden. Der doppelte Griff nach dem russischen Industriegebiet einerseits und den Erdölfeldern andererseits sollte die Entscheidung bringen und Russland endgültig niederzwingen. Denn, so argumentierte Hitler: „Kein Heer erträgt solche Niederlagen, wie sie das russische Heer erlitten hat."

Die Heeresgruppe A unter Generalfeldmarschall Wilhelm List übernahm den Befehl über die rumänische 3. Armee, die 1. Panzerarmee (III. und XXXX. Panzerkorps) und die 17. Armee mit dem V. und XXXXIV. Armeekorps, dem LVII. Panzerkorps sowie dem XXXXIX. Gebirgsarmeekorps, dem unter anderem die 1. und 4. Gebirgsdivision angehörten. Später wurde der Heeresgruppe A vorübergehend noch die 4. Panzerarmee unterstellt. Im operativen Rahmen der Heeresgruppe A sollten die deutschen Gebirgsjäger, so wurde ihnen befohlen, den Kaukasus erobern, überschreiten und zu den kaukasischen Ölfeldern vordringen. Ein kühnes Unternehmen, wie wir im Folgenden erfahren werden.

Nach diesen strategischen und operativen Betrachtungen kehren wir zur 4. Gebirgsdivision zurück. Am 26. Juli 1942 zog die Division durch die stark zerstörte Stadt Rostow, in deren Straßen die aufgeblähten Pferdekadaver der geflohenen russischen Kavallerie verwesten. Tags darauf wurde der mächtige Don auf einer erst kürzlich von Pionieren der 17. Armee fertiggestellten Pontonbrücke sowie mittels Fähren überquert, nachdem das XXXXIX. Gebirgsarmeekorps unter General der Gebirgstruppen Konrad mit vier Divisionen, vom IV. Fliegerkorps nach besten Kräften geschützt und unterstützt, bei Rostow den Übergang über den Strom an seiner breitesten Stelle erzwungen hatte. Das Tor zum Kaukasus war damit ganz weit aufgestoßen. Aber auch durch die nun geöffnete Tür konnten die Gebirgsjäger der „Vierten" vorerst keinen massiert auftretenden Feind ausfindig machen. Die Sowjets setzten sich vielmehr unter Ausnutzung der zahlreichen natürlichen Hindernisse, meist Flussläufe, die quer zur Angriffsrichtung der „Enziandivision" verliefen, geschickt ab.

Die Sonne, die die Erde wie einen Backofen auf teilweise mehr als 45 Grad aufheizte, brannte den Gebirgsjägern, die durch die baumlose und wasserarme Kubansteppe marschierten, ins Gesicht. Die allgemeine Marschrichtung lautete: Süden. Die „Vierte" überquerte dabei mit ihren nebeneinander angesetzten verstärkten Gebirgsjägerregimentern 13 und 91 fast übungsmäßig, ohne auf nennenswerten Feindwiderstand zu stoßen, den Kagalnik. Von hier aus stießen die Jäger nach schwachem Widerstand an die Jeja vor, wo sich die Sowjets äußerst zäh verteidigten.

Nachdem die Gebirgsjäger ihre Bergschuhe in die Jejalinie der sowjetischen Verteidigungsfront gesetzt hatten, waren sie nicht mehr gewillt, die Tür des Erfolges zuschnappen zu lassen. Auch nicht, als eine Kosakenbrigade des XVII. Kubankosakenkavalleriekorps, die von leichten Panzern unterstützt wurde, mit blitzenden Kosakensäbeln und dem markdurchdringenden „Urrä-Urrä" auf das Gebirgsjägerregiment 91 zustürmte. Im ersten Augenblick waren die Gebirgsjäger allerdings so perplex, dass es den Kosaken gelang, die Linie der Deutschen an einigen Stellen zu durchbrechen. Weit kamen sie jedoch nicht. Vorwiegend Tragtierführer waren es, die – im Umgang mit Tieren besser vertraut als die Masse der Jäger – den exotischen Reitern blutige Verluste zufügten. Es war Hochsommer. Schon seit Tagen marschierten die Gebirgsjäger, von einer braunen Staubwolke umhüllt, die der Wind Hunderte von Metern weit forttrug, durch die flache, ausgetrocknete Steppe Kaukasiens. Sie, die Jäger, Pioniere, Artilleristen, Nachrichtler und Tragtierführer, sahen vor sich nichts anderes als den flimmernden Horizont, der sich zwischen Himmel und Erde wie ein Strich abzeichnete.

In die Kriegstagebücher der 4. Gebirgsdivision und ihrer Regimenter trug man den 6. August 1942 ein. „Die Division", steht dort geschrieben, „änderte ihre bisherige Marschrichtung und schwenkte auf das Kubanknie ostwärts von Krapotkin ein. Am 9. August 1942", so lesen wir weiter, „wurde Kasanskaja erreicht, am 14. August 1942 Armawir durchschritten."

Die Luft flimmerte vor Hitze. Sobald die Sonne sich der Erde näherte und in ihr zu versinken drohte, erhoben sich die Stechmücken zu Millionen und Abermillionen vom Boden und fielen gierig über die gepeinigten Gebirgsjäger her. Während sie so tagelang durch die glühend heiße Steppe marschierten, wurde, von der Truppe unbemerkt, mehrmals der anvisierte Gefechtsstreifen der 4. Gebirgsdivision im Kaukasus geändert. Anfangs auf die Grusinische Heerstraße angesetzt, erhielt die „Vierte" später den endgültigen Auftrag, die Hochgebirgsregionen um den Adsapsch-, Allistrachu-, Achiboch-, Aischcha-, Pseaschcha-, Ssantscharo- und Atschavischarpass zu erstürmen. Jetzt, nachdem die Ziele im Zentralkaukasus der Truppe bekannt gegeben worden waren, wurde sie von Neuem beflügelt.

*Der Eichenlaubträger
Rudolf Schlee.*

Der Stützpunkt Zugspitze „Münchner Haus" in der Miusstellung galt als der am weitesten nach Osten vorgeschobene Bunker im russischen Winter 1941/1942.

*An der Miusfront
1941/1942.*

*Der SA-Obergruppenführer und Gauleiter
Oberbayerns Fritz Reinhardt.*

*Der SS-Obergruppenführer und
Gauleiter Schwabens Karl Wahl.*

Generalsbesprechung an der Ostfront vor Beginn der Frühjahrsoffensive 1942.
Der dritte von links ist der Kommandeur der 4. Gebirgsdivision, Karl Eglseer.

Ein Vorgeschobener Beobachter
am Scherenfernrohr.

Deutsche Gebirgsjäger
im Kaukasus.

*Marsch durch Rostow Richtung Bataisk
im Sommer 1942.*

*Überquerung einer Pionierbrücke
über den Don.*

*In Serpentinen
geht es dem oberen Kubantal entgegen.*

*Eine Tragtierkolonne
im Hochkaukasus.*

*Der vollbepackte „Postdienst"
des Gebirgsjägerregiments 13.*

*Gebirgsjäger auf dem Vormarsch
durch die gebirgige Landschaft des Hochkaukasus.*

*Die Gebirgsjäger in der Bergwelt
des Kaukasus.*

*Als Eissee bezeichneten die Gebirgsjäger
den grün-blau schimmernden See am Kluchorpass.*

Die eindrucksvollen Gipfel und Gletscher des Zentralkaukasus.

*Oberfeldwebel Rudolf Schlee
während einer Einweisung in das Gelände.*

Der Kampf um den Hochkaukasus

Am 13. August trat das XXXXIX. Gebirgsarmeekorps aus der tief gelegenen Kubansteppe zum Kampf um die wichtigsten Hochgebirgspässe des westlichen Zentralkaukasus an, um anschließend zum Schwarzen Meer, nach Suchum, vorzustoßen. Während die 1. Gebirgsdivision, die im Kaukasus wieder Schulter an Schulter mit der 4. Gebirgsdivision kämpfte, beiderseits der alten Suchumschen Heerstraße über den Maruchkojpass (2.769 Meter), den Kluchorpass (2.816 Meter) und die Pässe des Elbrusmassivs auf Suchum angesetzt wurde, hatte die „Enziandivision" vom Generalkommando XXXXIX. Gebirgsarmeekorps den Auftrag erhalten, mit ihren verstärkten Spitzenbataillonen alsbald über die Pässe im Quellgebiet der Bolschaja Laba direkt auf Suchum, das bereits am tropisch-feuchtwarmen Schwarzen Meer liegt, vorzustoßen. Rechter Nachbar der „Vierten" war das XXXXIV. Armeekorps mit seinen bewährten Divisionen, das auf den Westkaukasus angesetzt war.

Die Angriffsspitzen der 4. Gebirgsdivision für dieses kühne Unternehmen bildeten die beiden Gebirgsjägerregimenter. Das Gebirgsjägerregiment 91, das Oberst Walter Stettner Ritter von Grabenhofen kommandierte, hatte den Auftrag, von Achmetowskaja und Pssemen aus durch das wildromantische Bolschaja-Laba-Tal vorzustoßen und den Ssantscharo- (2.726 Meter), Allistrachu- (2.728 Meter) und Achibochpass zu nehmen, während das Gebirgsjägerregiment 13 unter Oberstleutnant Hans Buchner von Selentschukskaja über Archys auf den Adsapschpass (2.579 Meter) und – parallel zum Hauptkamm des Zentralkaukasus – mit dem I. Bataillon/Gebirgsjägerregiment 13 zum Umpyrskij-, Aischcha- und Pseaschchapass vorzugehen hatte.

Und in der Tat, bereits diese Vorstöße der „Enziandivision" im Hochkaukasus waren vom Erfolg gekrönt. Nachdem sich die beiden Angriffsbataillone der Gebirgsjägerregimenter 13 und 91 in Niederdorf im Bolschaja-Labatal vereinigt und durch das Gebirgsartillerieregiment 94 verstärkt hatten, setzten sie den Angriff unter der Führung des Kommandeurs des Gebirgsjägerregiments 91 als „Kampfgruppe Stettner" fort.[27]

Während das II. Bataillon des Gebirgsjägerregiments 13 eine vom Feind besetzte Siedlung im Pechutal säuberte, trat das III. Bataillon des Gebirgsjägerregiments 91 zum Angriff auf den 2.055 Meter hohen Tschamaschchapass an.

„In dieser Lage", berichtet General Julius Braun, „erhielt die Division vom Korps den Befehl, einen Regimentsstab mit zwei Gebirgsjägerbataillonen mit folgendem Auftrag abzuzweigen: Vorstoß über den Umpyrskipass in das Malaja-Labatal, sodann Inbesitznahme des Psseaschcha- und Aischchapasses zur Schaffung von Voraussetzungen zu einem Vorstoß auf „Adler" für eine heranzuführende Kampfgruppe. Diese Aufgabe erhielt die Gruppe Buchner. Die Korpsreserve (II. Bataillon des Gebirgsjägerregiments 91) wurde der Division wieder zur Verfügung gestellt. Damit wurde die Division in zwei sich immer mehr voneinander entfernende Kampfgruppen zerrissen. Die Wucht des Vorstoßes auf Suchum war entscheidend beeinträchtigt worden."28

Drei Monate harter Kämpfe um die wichtigsten Hochgebirgspässe des Zentralkaukasus lagen hinter der 4. Gebirgsdivision. Sommer war es noch, als im Süden vor den Gebirgsjägern die Gipfel des Hochkaukasus aus der glutflimmernden Kubansteppe förmlich in den Horizont wuchsen. Siegreich waren sie über fast 3.000 Meter hohe Pässe gestürmt und hatten die sowjetischen Soldaten die steilen Südhänge des Hauptkammes hinuntergejagt – vorbei an den eisgepanzerten, himmelragenden Felstürmen des über 4.000 Meter hohen Zentralkaukasus. Im Südosten baute sich – welch unvergesslicher Anblick! – auf gewaltigen Gletschern die weißglitzernde Firnkappe des Elbrus auf.29

Blenden wir den Ablauf des Kampfgeschehens im Hochkaukasus nochmals zurück, denn es fehlt noch die Schilderung der Elbrusbesteigung, das Unternehmen „Elbrus", an dem auch Gebirgsjäger der 4. Gebirgsdivision beteiligt waren. Obwohl der höchste Berg des Kaukasus im Angriffsstreifen der 1. Gebirgsdivision lag und diese bereits zu einem recht frühen Zeitpunkt eine Hochgebirgskompanie unter Hauptmann Groth zusammengestellt hatte, um den Elbrus (5.633 Meter) zu bezwingen, bestand der Kommandierende General des XXXXIX. Gebirgsarmeekorps darauf, dass sich an diesem Unternehmen auch gebirgserfahrene Offiziere, Unteroffiziere und Mannschaften der „Enziandivision" zu beteiligen haben. Konrad wollte unter allen Umständen vermeiden, dass es zwischen den beiden bewährten Schwesterdivisionen wegen der Besteigung durch Angehörige nur einer Gebirgsdivision später zu Reibereien oder Spannungen kommen könnte, die sich nachteilig auf die Kameradschaft des Gebirgskorps und auf den Geist und die Haltung der deutschen Gebirgstruppe insgesamt auswirken würden.

Somit wurde im Wehrmachtsbericht voller Stolz verkündet: „Am 21. August 1942 hisste am Elbrus, dem höchsten Gipfel der kaukasischen Berge, eine Gruppe deutscher Gebirgsjäger die Reichskriegsflagge."

Doch schon folgte der Rückschlag bei der Kaukasusoperation. Denn am Tage der Elbrusbesteigung schrieb Helmuth Greiner in das „Kriegstagebuch des Oberkommandos der Wehrmacht" folgende Eintragung: „Die Operationen der Heeresgruppe A im Kaukasus werden durch starke Regen- und Schneefälle sehr behindert. Der Führer ist über die langsamen Fortschritte beim Kaukasusübergang verärgert und weist auf straffe Zusammenfassung der Kräfte, vor allem beim XXXXIX. Gebirgskorps, hin. Um dessen Ansatz zu klären, wird Hauptmann von Harbou von der Operationsabteilung Heer des Wehrmachtsführungsstabes mit Aufträgen des Generals Jodl zum XXXXIX. Gebirgskorps entsandt."30

Das XXXXIX. Gebirgsarmeekorps, das über die Hochgebirgspässe des westlichen Kaukasus auf Suchum angesetzt war, hatte trotz der Elbrusbesteigung sein operatives Ziel aus Kräftemangel und Versorgungsproblemen nicht erreicht. Als es mit seinen Gebirgsdivisionen bereits die wichtigen Pässe erstürmt hatte und kurz vor dem Austritt aus den Bergen dem Schwarzen Meer, das nur noch einen Tagesmarsch vor den „Blumenteufeln" entfernt lag, entgegenstürmen wollte, wurde der sowjetische Widerstand immer stärker.

Regen setzte ein und erschwerte bald jede Truppenbewegung, vor allem das Vorwärtskommen der schweren Artillerie und der motorisierten Fahrzeuge. Die Versorgung über die hohen Berge wurde für die Gebirgsjäger äußerst schwierig. Daher trafen sich am 2. September 1942 der Generalfeldmarschall Wilhelm List, der Generaloberst Richard Ruoff und der General der Gebirgstruppe Rudolf Konrad in Krasnodar. Bei dieser Besprechung wurde deutlich, dass der Vorstoß des XXXXIX. Gebirgsarmeekorps über die Hochgebirgspässe des Zentralkaukasus gescheitert ist und zwar „mangels Truppenverstärkungen und zunehmenden Widerstands in den Küstengebieten am Schwarzen Meer. Ein weiterer Vorstoß mit vorhandenen Kräften muss zum Untergang des Gebirgsarmeekorps führen, da auch das XXXXIV. Jägerkorps mit seinem Angriff auf Tuapse liegen geblieben ist."[31] Das bedeutete im Klartext, dass das XXXXIV. Jägerkorps zur Entlastung des XXXXIX. Gebirgsarmeekorps ausfiel.

„Noch einmal kehrte ich auf drei Tage nach Mikojan Schachar zurück, der Eingangspforte zu den Hochtälern und den urweltlichen Bergriesen", notierte General Konrad. „Ich wies dort am 13. September General Eglseer, Kommandeur der 4. Gebirgsdivision, in seine neue Aufgabe, die Verteidigung des westlichen Hochkaukasus ein. Ihm standen zunächst noch die Kräfte einer Gebirgsdivision (eine halbe 4. und eine halbe 1. Gebirgsdivision) zur Verfügung, die nach Klärung der Lage und mit Einbruch des Winters weiter vermindert werden sollten.

Der General und seine tapfere 4. Gebirgsdivision hatten die Auswirkungen hitlerscher Heerführung mit am härtesten zu spüren bekommen, ohne die störenden Gründe erkennen zu können. Der ausgezeichnete Mann, der dem erstrebten Ziele so nahe war und es ergreifen wollte und doch darin gehemmt wurde, litt schwer unter dem unverschuldeten Fehlschlag"[32] sodass er wenig später in die Führerreserve des Oberkommandos des Heeres versetzt wurde.[33]

Nun verlagerten sich die Operationen des XXXXIX. Gebirgsarmeekorps in den Waldkaukasus, wo es in den kommenden Monaten zu verlustreichen Angriffs- und Abwehrkämpfen kam. Zuvor hatte sich der Oberfeldwebel Rudolf Schlee als Führer des III. Zuges in der 6. Kompanie des Gebirgsjägerregiments 13 bei einem Kampfeinsatz an der Bsybbrücke im engen, von hohen Bergen umrahmten Pechutal besonders ausgezeichnet, als das Gebirgsjägerbataillon den Auftrag erhalten hatte, den gegnerischen Brückenkopf auf dem diesseitigen Ufer zu beseitigen, die Brücke unbeschädigt in die Hand zu bekommen und das jenseitige Dorf zu säubern, um so den Vormarsch der

Gebirgsjäger auf den Atschawapass zu ermöglichen.[34] „Dieses Tal und die einzige über den Bsybfluss führende Holzbrücke sperrte der Feind in gut ausgebauten Stellungen", heißt es in einem Gefechtsbericht. „Diesseits der Brücke befanden sich geschickt angelegte Widerstandsnester mit starker Besetzung, jenseits der Brücke lag die kleine Pechutalsiedlung mit dahinter terrassenförmig ansteigenden Hängen, wo sich der Gegner ebenfalls gut getarnt eingenistet hatte. Beide Talseiten waren steil und mit dichtem Wald bedeckt. Hohe Felsen, Steilabfälle, Geröllhalden und Felsblöcke sowie der wildreißende Bergfluss boten dem Verteidiger zahlreiche Deckungsmöglichkeiten und gute, natürliche Hindernisse."[35]

Die Brücke über den Bsybfluss konnte durch die Entschlossenheit und den Kampfgeist des Oberfeldwebels Rudolf Schlee und seiner Männer unzerstört erobert und das südliche Ufer vom Gegner gesäubert werden. Für diese entscheidende Waffentat wurde Schlee bekanntlich als 222. Soldaten der Deutschen Wehrmacht das Eichenlaub zum Ritterkreuz des Eisernen Kreuzes verliehen.

In einer Zeit heftiger Kämpfe und einer äußerst angespannten Versorgungs- und Nachschublage konnte Schlee mit seinen Kameraden am 25. Oktober 1942 auf das zweijährige Bestehen der 4. Gebirgsdivision zurückblicken. Sie hatten Großes vollbracht und geleistet. Die Gebirgsjäger hatten zahlreiche Schlachten geschlagen und Siege erfochten. Dass der Gesamtsieg dennoch ausstand, lag gewiss nicht an ihnen und ihren beherzten Kampfeinsätzen.

Nun wurde der Gründer und erste Kommandeur der „Enziandivision" am 22. Oktober 1942 in die Führerreserve des Oberkommandos des Heeres versetzt, um sich nach einigen Wochen der Regeneration für höhere Aufgaben zu qualifizieren und für einen Einsatz auf dem skandinavischen Kriegsschauplatz bereitzuhalten, wo er zum Kommandierenden General des XVIII. Gebirgsarmeekorps in der 20. Gebirgsarmee des Generaloberstes Eduard Dietl ernannt wurde.[36]

Zugführer im Wachbataillon „Großdeutschland"

Nach einem sechsmonatigem Lazarettaufenthalt – zuletzt im Reservelazarett Neustadt an der Weinstraße – wurde der am 15. Mai 1943 zum Leutnant beförderte Eichenlaubträger Rudolf Schlee am 24. August 1943 als Zugführer in die 4. Kompanie des Wachbataillons „Großdeutschland" versetzt. Vier Monate später erfolgte am 25. Dezember 1943 seine Versetzung als Führer in die 5. Kompanie dieses Eliteverbandes.

Über diese Tätigkeit gäbe es sehr wahrscheinlich nichts Besonderes zu berichten, wenn diese Zeitspanne nicht durch zwei herausragende Ereignisse gekennzeichnet gewesen wäre. Zum einen wurde 1944 der Major Otto Ernst Remer zum Kommandeur des Wachbataillons „Großdeutschland" ernannt, zum anderen geriet er mit diesem in den Strudel der militärhistorischen Ereignisse des 20. Juli 1944, als auf den Führer und Obersten Befehlshaber Adolf Hitler das folgenschwere Attentat in dessen ostpreußischem Hauptquartier „Wolfsschanze" verübt wurde.[37]

Zunächst jedoch ein kurzer Lebensabriss über die vielschichtige Persönlichkeit des Kommandeurs des Wachbataillons „Großdeutschland". Otto Ernst Remer wurde am 18. August 1912 in Neubrandenburg als Sohn eines Justizinspektors geboren. Nach dem Abitur trat er als Fahnenjunker in das Infanterieregiment 4 in Kolberg ein und nahm nach einer entsprechenden militärischen Ausbildung zunächst als Kompaniechef und dann als Bataillons- und schließlich als Regimentskommandeur am Polen-, Frankreich-, Balkan- und Russlandfeldzug teil. Bei diesen Kampfeinsätzen wurde er nicht weniger als achtmal verwundet.[38]

Für herausragende Tapferkeit vor dem Feind wurde Remer neben dem Deutschen Kreuz in Gold am 27. Mai 1943 mit dem Ritterkreuz des Eisernen Kreuzes und am 12. November 1943 mit dem Eichenlaub zum Ritterkreuz des Eisernen Kreuzes ausgezeichnet. Am 1. Mai 1944, inzwischen zum Major befördert, wurde Otto Ernst Remer zum Kommandeur des Wachbataillons „Großdeutschland" in Berlin ernannt. Mit ihm ging er aufgrund des Attentats vom 20. Juli 1944 in die Annalen der Weltgeschichte ein.

Das Attentat vom 20. Juli 1944 auf Adolf Hitler

Es ist müßig, darüber zu spekulieren, wann der aktive politische Widerstand gegen Adolf Hitler tatsächlich begann. Denn in manchen Erscheinungsformen handelte es sich anfangs nur um eine Fortsetzung jener Kämpfe, die der Machtergreifung durch die Nationalsozialisten am 30. Januar 1933 vorangegangen waren – und zwar zunächst durch linksgerichtete, dann durch militärische, kirchliche und bürgerliche Kreise.

Die Widerstandskreise zur Wiederherstellung eines Rechtsstaates wurden in der Sozialdemokratischen Partei insbesondere von Julius Leber und Otto Wels angeführt. Dieser rief in seiner Rede im Berliner Reichstag aus: „Freiheit und Leben kann man uns nehmen, die Ehre nicht."

Die bekanntesten Generäle der militärischen Opposition gegen Hitler waren der Generaloberst Ludwig Beck, der vor einem Krieg warnte, der Chef der deutschen Abwehr, der Admiral Wilhelm Canaris, einer der führenden Köpfe des Widerstandes, sowie im Verlauf des Zweiten Weltkrieges der Generaloberst Kurt Freiherr von Hammerstein-Equord und der Generalfeldmarschall Erwin Rommel.

Zur kirchlichen Opposition rechnete man von der Katholischen Kirche unter anderem die Aufrufe in den Hirtenbriefen und das Weltrundschreiben des Papstes Pius XI „Mit brennender Sorge", sowie von Seiten der Evangelischen Kirche ab 1935 die deutsche evangelische Kirche gegen das Neuheidentum, denn, so der Ausspruch, „dem deutschen Volk wird heute eine neue Religion angeboten."

Der Goerdeler Kreis unter dem früheren Oberbürgermeister von Leipzig war das Haupt der zivilen Widerstandsgruppen. Carl Goerdeler war für diese neue Regierung als Reichskanzler vorgesehen. Der Kreisauer Kreis unter Helmuth Graf von Moltke, Franz Speer und Eugen Gerstenmaier erarbeitete Grundsätze für die Neuordnung Deutschlands. Der Widerstand der studentischen Jugend wurde durch die Flugblätter der Weißen Rose der Geschwister Hans und Sophie Scholl in München organisiert.

Ende 1943 hatte Deutschland noch eine sehr beachtliche Größe, denn „die Gesamtfläche der besetzten Gebiete übersteigt bei Weitem das Territorium Großdeutschlands".[39] Wenn es diesem „Großdeutschen Reich" und seinen wenigen Verbündeten 1943 auch noch einigermaßen gelungen war, die Fronten auf den europäischen Kriegsschauplätzen zusammenzuhalten, so drohte ihm 1944 immer mehr die Gefahr, von zu vielen Feinden besiegt zu werden. Zwischen dem März und April 1944 trat die Rote Armee im Osten zu einer neuen Offensive, die unter anderem auch den Einsturz der deutsch-rumänischen Südostfront zur Folge hatte, an. Schließlich stießen die sowjetischen Truppen durch die Karpaten in das Kerngebiet Rumäniens vor. Bulgarien und Rumänien fielen als Bündnispartner ab. Griechenland musste eilends von den deutschen Verbänden geräumt werden, um bei einem weiteren Vordringen

*Oberleutnant Rudolf Schlee mit Hitlerjungen
am 14. März 1944 in der Reichshauptstadt Berlin.*

Das Offizierkorps des Wachbataillons „Großdeutschland"
1 – Dr. Hagen (Propagandaministerium), 2 – Major Clemens Sommer,
3 – Major Günter Lehnhoff, 4 – Rudolf Schlee, 5 – Oberleutnant Wolfram Kertz.

Kommandeur Remer nimmt den Dank Hitlers nach dem niedergeschlagenen Attentat vom 20. Juli 1944 entgegen.

Eichenlaubträger Generalmajor Otto Ernst Remer.

Fünf Tage vor dem 20. Juli 1944 begegnet Oberst Claus Schenk Graf von Stauffenberg Hitler im Führerhauptquartier „Wolfsschanze" in Ostpreußen.

Adolf Hitler mit seinem Baumeister und Rüstungsminister Albert Speer in der „Wolfsschanze".

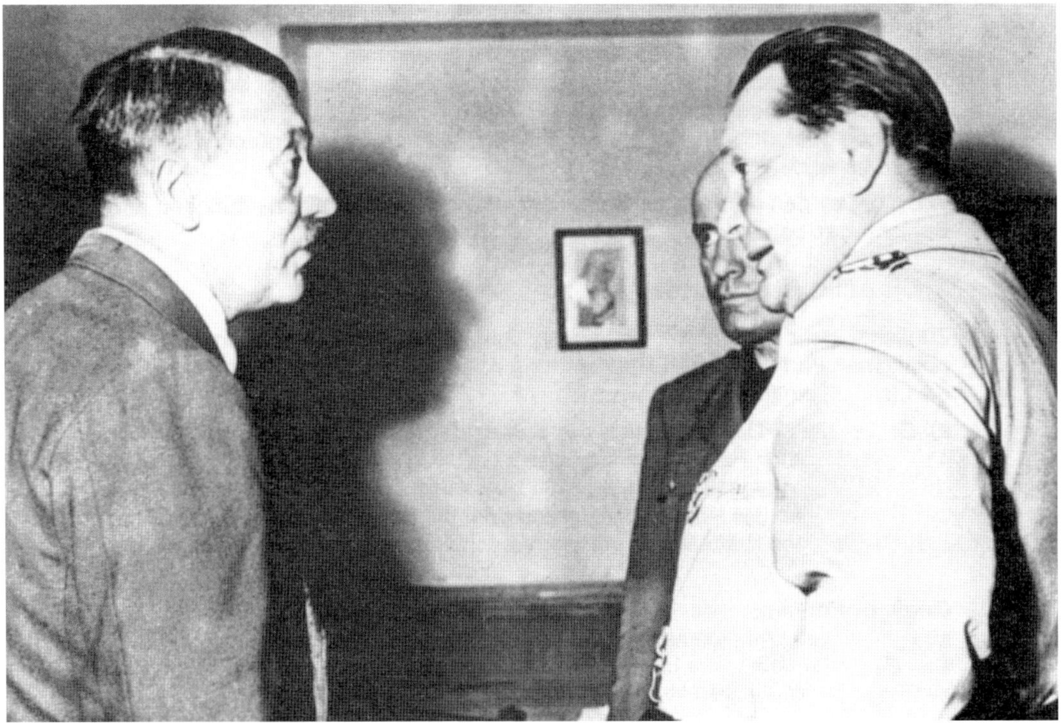

*Wenige Stunden nach dem Attentat im Führerhauptquartier berichtet
Adolf Hitler Hermann Göring ...*

*... und dem zufällig zu einem Besuch am 20. Juli 1944
eingetroffenen Verbündeten Mussolini von dem Anschlag.*

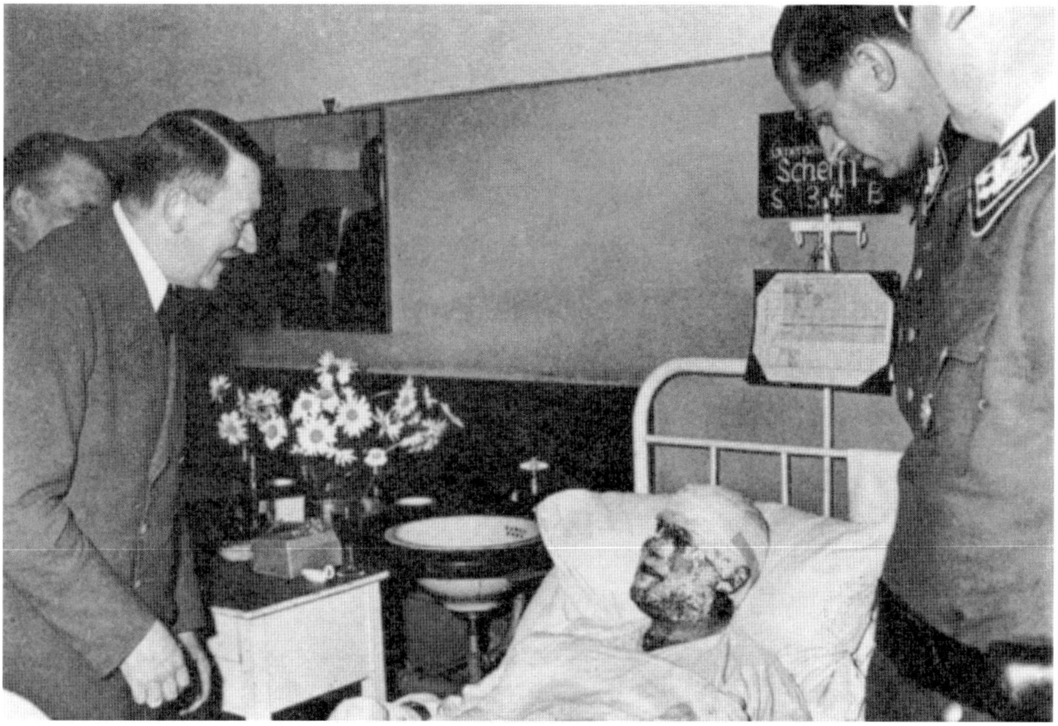

*Hitler besucht die Schwerverwundeten
am Krankenbett …*

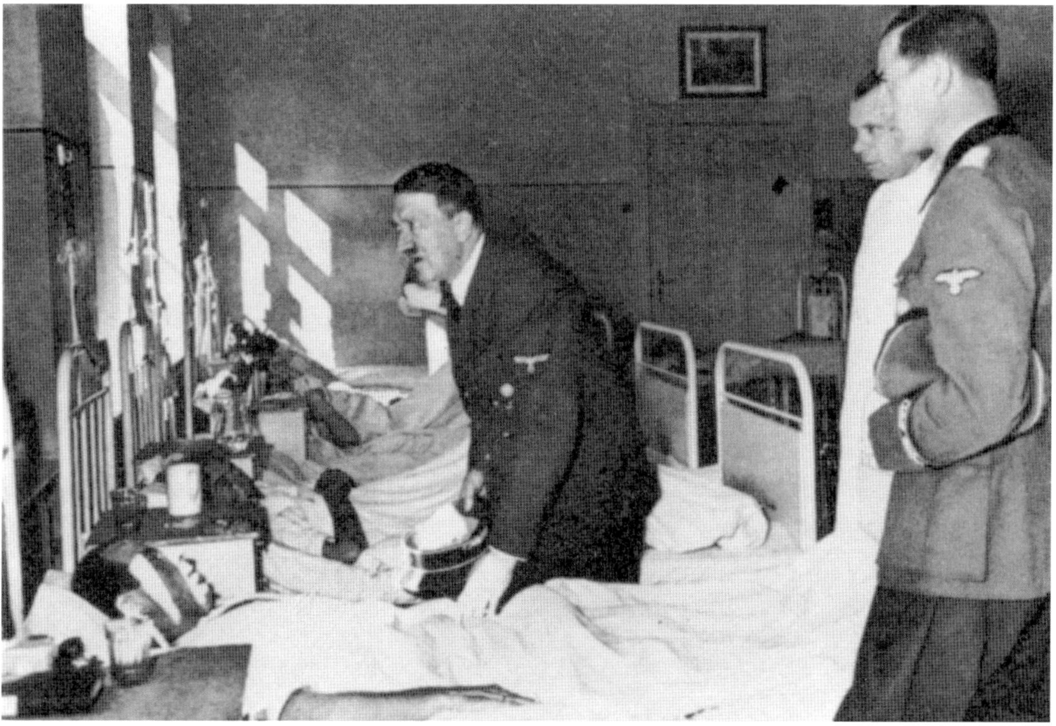

*… die an der Besprechung teilnahmen,
als die Bombe explodierte.*

*Der Präsident des Volksgerichtshofes
Roland Freisler.*

*Generalfeldmarschall von Witzleben vor dem Volksgerichtshof.
Er wurde am 8. August 1944 verurteilt und am gleichen Tage hingerichtet.*

*Roland Freisler
bei der Verkündigung von Todesurteilen.*

*Die Hinrichtungsstätte in der Strafanstalt Berlin-Plötzensee, in der die Widerstandskämpfer
vom 20. Juli 1944 hingerichtet wurden. Sie ist heute eine Gedenkstätte.*

*Polnische Postkarten
aus der Nachkriegszeit vom Führerhauptquartier "Wolfsschanze" …*

*… auf Polnisch
"Wilczy Szaniec".*

*Diese Postkarte zeigt
Hitlers Bunker Nr. 13.*

*Hermann Görings Bunker Nr. 16
in der „Wolfsschanze".*

Diese Postkarte warnt vor dem Betreten der Bunkerruinen.

Bis zu sieben Meter dicke Betonwände schützten das Führerhauptquartier „Wolfsschanze".

Die schwere Betonwand wird hier provisorisch mit Holzstämmen gestützt.

*Impressionen vom polnischen Touristenzentrum
„Wolfsschanze".*

*Eine weitere Ansicht
der Bunkeranlagen.*

Die polnischen Ausgaben der Biografien des Generaloberst en Dietl und Generalfeldmarschalls Schörner, die im Verlagshaus Würzburg in deutscher Sprache erschienen sind. Auf Polnisch erschienen sie im Verlag Bellona in einer Reihe namens „Narodziny Zła – Brunatna Seria" (deutsch: Geburt des Bösen – Braune Reihe).

Diese Schallplatte aus englischsprachiger Produktion demonstriert einen sehr unverkrampften Umgang mit dem Dritten Reich und seinen Emblemen.

der sowjetischen Streitkräfte, die jetzt durch rumänische und bulgarische Truppen verstärkt wurden, der Gefahr einer Abtrennung zu entgehen. Die arg dezimierten, zersplitterten und sehr vermischten deutschen Verbände der Wehrmacht, Waffen-SS und Etappe wurden dadurch in den kommenden Monaten immer wieder vor schwere und schwerste Aufgaben gestellt.

Das Kräfteverhältnis zwischen den Deutschen und Alliierten veränderte sich im Kriegsjahr 1944 immer mehr zugunsten der deutschen Kriegsgegner. So standen im Frühsommer an der Ostfront 40 deutschen Divisionen (ohne Reserven, bei stark verringerten Gefechtsstärken) 126 sowjetische Schützendivisionen, 6 Kavalleriedivisionen, 16 motorisierte und 45 Panzerbrigaden gegenüber. Neben diesen regulären Fronttruppen der Roten Armee erlangten die Partisanenverbände ein immer größeres operatives Gewicht. Sie zählten allein in Weißrussland im Juni 1944 rund 240.000 Mann. Ihre Hauptaufgabe bestand – wie bei den Partisanen auf dem Balkan – darin, die rückwärtigen Verbindungen der Wehrmacht und Waffen-SS zu zerstören und damit die Versorgung der Fronttruppe lahmzulegen. Darüber hinaus wurden die Partisaneneinheiten mit der Fortdauer des Krieges mehr und mehr zu reinen Kampfaufgaben herangezogen. All diese regulären und paramilitärischen Verbände waren bestens ausgestattet, denn die Rüstungsindustrie der Alliierten – insbesondere die amerikanische – lief auf Hochtouren. Das Kriegsjahr 1944 bescherte den Deutschen aber auch im Süden und Westen Europas empfindliche Rückschläge. In Italien musste die deutsche Front ständig zurückgenommen werden. Allerdings konnte vorerst noch der Zugang zur Lombardei freigehalten werden. In den frühen Morgenstunden des 6. Junis 1944 landeten die Alliierten in der Normandie; am 15. August in Südfrankreich. Dank ihrer ungeheuren Überlegenheit an Truppen und Kriegsmaterial eroberten sie nach und nach ganz Frankreich und Belgien. Damit war einerseits jene zweite Front auf dem europäischen Kriegsschauplatz entstanden, auf die die Sowjets schon so lange gewartet hatten, und andererseits war es nun auch den Angloamerikanern gelungen, in die „Festung Europa" einzudringen.[40]

Anfangs wollte man den Führer und Obersten Befehlshaber der Wehrmacht an der Ostfront durch mehrere Pistolenschüsse niederstrecken. Doch Hitler sagte im letzten Augenblick seine Frontbesuche ab. Danach wurde Claus Graf Schenk von Stauffenberg als Attentäter bestimmt. Der Oberst im Generalstab war der Kopf der militärischen Vorbereitungen. Er war aber auch derjenige, der die Bombe in das östlich von Rastenburg gelegene Führerhauptquartier „Wolfsschanze", das größte aller Hauptquartiere Hitlers, schmuggelte, um sie mit einem Zeitzünder zur Explosion zu bringen.[41]

Dieses Hauptquartier war in drei Sperrgebiete eingeteilt. Für jedes war ein Extraausweis notwendig. An jenem 20. Juli 1944 war die Lagebesprechung jedoch nicht im Betonbunker, sondern im Teehaus anberaumt. Außer Heinrich Himmler und Hermann Göring waren alle Entscheidungsträger anwesend. Stauffenbergs Platz war neben dem des Obersten Befehlshabers, als er die Bombe niederlegte und dann davonging. Bei der Explosion beugte sich Hitler gerade über den schweren Kartentisch, sodass er mit dem Schrecken davon kam, während vier Umstehende den Tod fanden. Der „Tätigkeitsbericht des Chefs des Heerespersonalamtes, General der Infanterie Rudolf Schmundt" (fortgeführt von General der Infanterie Wilhelm Burgdorf), verzeichnet am 20. Juli 1944 folgenden Eintrag:[42]

„Auf den Führer, dem die Mittagslage vorgetragen wird, wird ein Sprengstoffattentat verübt. Der Führer bleibt bis auf geringe Verbrennungen und Prellungen des rechten Armes unverletzt.

Alle übrigen an der Lagebesprechung teilnehmenden Offiziere werden mehr oder weniger schwer verletzt.
Sehr schwer verletzt wurden:
Generalleutnant Schmundt, General der Flieger Korten, Oberst im Generalstab Brandt.
Mittlere Verletzungen erlitten:
Generalmajor Scherff, Admiral von Puttkamer, General der Flieger Bodenschatz, Oberstleutnant im Generalstab Borgmann, Kapitän zur See Assmann.
Leichter verletzt wurden:
General der Infanterie Buhle, Generalleutnant Heusinger, Generaloberst Jodl, Admiral Voss, SS-Gruppenführer Fegelein, Major von John.
Leicht verletzt wurden:
Feldmarschall Keitel, Oberst von Below, Major im Generalstab Büchs, Oberstleutnant des Generalstabs Waizenegger, SS-Hauptsturmführer Günsche."

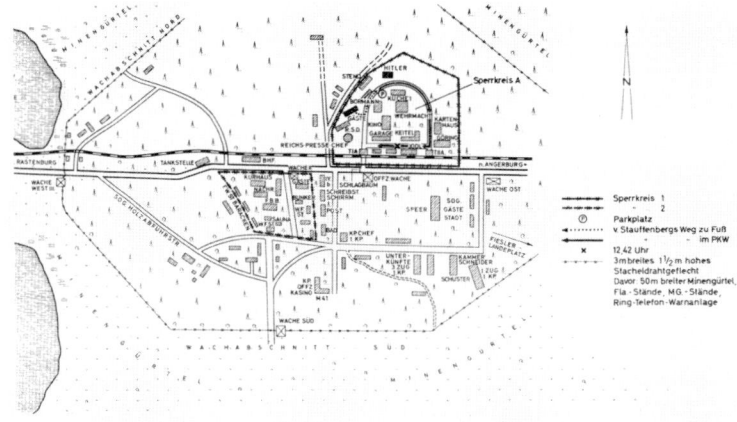

Ein Lageplan vom Führerhauptquartier in Rastenburg „Wolfsschanze" am 20. Juli 1944.

Unterdessen verließ Oberst Graf von Stauffenberg die „Wolfsschanze" und flog nach Berlin, um die Regierungsgeschäfte aufzunehmen. In der Reichshauptstadt meldete er: „Der Führer ist tot", ernannte sich zum General, gab die neue Regierung und ihre Ziele bekannt sowie die Bedingungen, worüber mit den Alliierten verhandelt werden sollte:[43]

1. Sofortiges Einstellen des Luftkrieges
2. Aufgabe der Invasionspläne
3. Vermeiden weiterer Blutopfer
4. Dauernde Verteidigungsfähigkeit im Osten, Räumung aller besetzten Gebiete im Norden, Westen und Süden
5. Vermeiden jeder Besetzung
6. Freie Regierung, selbstständige, selbstgewählte Verfassung
7. Vollkommene Mitwirkung bei der Durchführung der Waffenstillstandsbedingungen, bei der Vorbereitung der Gestaltung des Friedens
8. Reichsgrenze von 1914 im Osten,
   Erhaltung Österreichs und der Sudeten beim Reich
   Autonomie Elsass-Lothringens
   Gewinnung Tirols bis Bozen, Meran
9. Tatkräftiger Wiederaufbau mit Mitwirkung am Wiederaufbau Europas
10. Selbstabrechnung mit Verbrechern am Volk
11. Wiedergewinnung von Ehre, Selbstachtung und Achtung

Noch am 20. Juli 1944 wurde dem Kommandeur des Wachbataillons „Großdeutschland" vom Berliner Stadtkommandanten Generalleutnant Paul von Hase unter Berufung auf den angeblichen Tod des Führers und Reichskanzlers befohlen, mit seiner Truppe das Berliner Regierungsviertel abzuriegeln und den Reichsminister Dr. Josef Goebbels zu verhaften. Auf Veranlassung des Oberleutnants Hans W. Hagen vom Regiment „Großdeutschland" setzte sich der Major Otto Ernst Remer stattdessen mit Goebbels in Verbindung und erfuhr durch ihn vom Sprengstoffanschlag im Führerhauptquartier „Wolfsschanze" und dem Versuch einer Gruppe von Offizieren, einen Umsturz herbeizuführen und für dieses Vorhaben Truppen einzusetzen, die über die Lage und die Absichten der Putschisten getäuscht wurden.[44] Nun entglitt der Staatsstreich den Händen seiner Urheber.

„Das Wachbataillon ging auf die Seite Hitlers über", berichtet der renommierte Militärhistoriker Walter Görlitz im Detail. „Oberleutnant Hagen hatte sich zu Goebbels begeben und diesem war es nicht schwergefallen, ihn zu überzeugen, dass die Nachricht, Hitler sei einem Attentat zum Opfer gefallen, das Heer müsse die vollziehende Gewalt übernehmen, um Gesetz und Ordnung gegen die SS zu sichern, falsch sei. Blitzschnell erkannte Goebbels, dass es sich hier um einen regelrechten

Staatsstreich handelte. Der Wilhelmplatz war bereits von Truppen abgesperrt. Er forderte Hagen auf, seinen Kommandeur zu ihm zu bringen. Major Remer ließ sich dazu überreden. Goebbels fragte ihn, ob er selbst sich überzeugen wolle, dass der Führer lebe und ließ sich mit dem Hauptquartier verbinden. Remer vernahm die so magische Stimme, welche die Massen des deutschen Volkes in Taumel blinder Hörigkeit und Verzückung versetzt hatte. Wie im Fieber übertrug ihm Hitler, der jetzt die Größe der ihm drohenden Gefahr erkannte, in dieser Stunde den Befehl über alle Truppen in und um Berlin, und Remer gehorchte in dem Gefühl, dass dies die größte Stunde seines Lebens sei. Der Staatsstreich, der mit telefonischen Befehlen begonnen worden war, wurde sinngemäß durch ein Telefongespräch liquidiert.

Major Remer, in dieser Stunde mächtiger als irgendein Generalfeldmarschall, ging unverzüglich an die Ausführung des ihm vom Führer erteilten Befehls. Goebbels tat noch mehr, beschied General von Hase zu sich und setzte ihn fest. Im Stellvertretenden Generalkommando III raffte sich Generalmajor Herfurth auf und verhaftete Major von Oertzen, der kurz darauf, als er das Scheitern der Aktion erkannte, Selbstmord beging. Weder der neue Stellvertretende Kommandierende General Freiherr von Thüngen noch der Führer der geplanten Stoßtruppaktionen, Oberst Jäger, vermochten sich unter diesen Umständen mehr durchzusetzen. Der alte Generalfeldmarschall von Witzleben gab die gesamte Aktion verloren und fuhr auf sein Gut südlich Berlins zurück, um hier in trotziger Gelassenheit den endgültigen Untergang abzuwarten."[45]

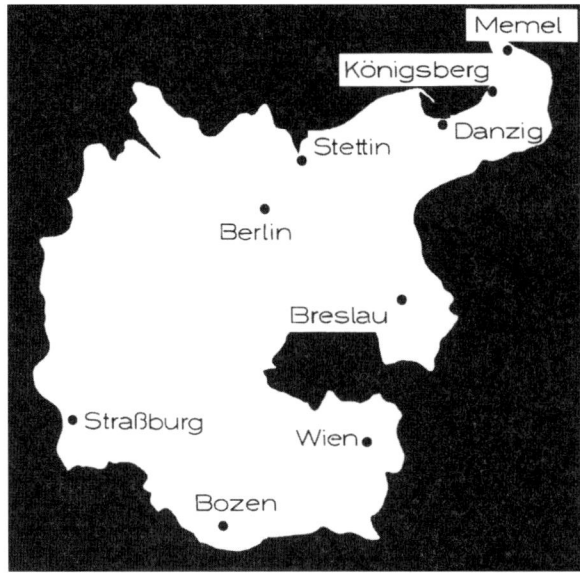

Stauffenberg und die anderen Mitverschwörer des 20. Julis 1944 wollten ein Großdeutsches Reich von der Maas bis an die Memel, von der Etsch bis an den Belt.

»Spiegelbild einer Verschwörung«

Die Opposition gegen Hitler und der Staatsstreich vom 20. Juli 1944 in der SD-Berichterstattung

Geheime Dokumente aus dem ehemaligen Reichssicherheitshauptamt

Herausgegeben von

HANS-ADOLF JACOBSEN

Zweiter Band

Seewald Verlag Stuttgart

Hans-Adolf Jacobsen bemühte sich in der Nachkriegszeit sehr um politische Bildung und gute internationale Beziehungen. „Spiegelbild einer Verschwörung" wurde 1984 von ihm in zwei Bänden herausgegeben.

Der Chef der Sicherheitspolizei
und des SD
III C – G 64–1

Berlin SW 11, den 22. Juli 1944
Prinz-Albrecht-Straße 8

An Reichsleiter
Pg. Martin BORMANN
Parteikanzlei
München

Lieber Parteigenosse BORMANN!
Im Anschluß an meine beiden Schreiben vom 21. Juli 1944 übersende ich Ihnen als Anlage einen weiteren Bericht über die stimmungsmäßigen Auswirkungen des Anschlags auf den Führer mit der Bitte um Kenntnisnahme.

Heil Hitler!
Ihr ergebener [h]
KALTENBRUNNER [h]
SS-Obergruppenführer

22. Juli 1944.

Stimmungsmäßige Auswirkungen des Anschlags auf den Führer

Die große Erregung, die sich in den Abendstunden des 20. 7. der Volksgenossen bemächtigt hatte, ist im Laufe des 21. 7. so weit zurückgegangen, daß die Stimmung der Bevölkerung zwar ernst ist, sich aber nach der ersten tiefen Beunruhigung in *Entschlossenheit* umgewandelt hat. Durch die Ereignisse sei die innere Bereitschaft der Volksgenossen zum *unbedingten Durchhalten* noch größer geworden.

Die nunmehr aus allen Teilen des Reiches vorliegenden Meldungen bestätigen die schockartige Bestürzung und die Empörung beim Bekanntwerden des Attentats auf den Führer. Kein Ereignis des Krieges habe die breite Masse so im Innersten gepackt wie der Mordanschlag. Noch nie sei so klar zu erkennen gewesen, mit welcher *Treue das Volk zum Führer steht*. In vielen Städten (z. B. des Sudetengaues) wurden im Verlaufe des gestrigen Tages Treuekundgebungen unter Beteiligung der Wehrmacht abgehalten (u. a. auch in Stettin und Klagenfurt). Von den Geschäftsinhabern in Königsberg wurden beispielsweise die Führerbilder in den Schaufenstern bekränzt.

Nach den ersten Rundfunkmeldungen hat man zunächst angenommen, daß es sich um einen Anschlag eines gegnerischen Geheimdienstes gehandelt habe. In sehr starkem Maße richtete sich der Verdacht gegen die Italiener. Die Stimmung vor und nach der Ansprache des Führers unterschied sich vor allem dadurch, daß *die ersten Meldungen eine ungeheure Haßwelle gegen die Feindmächte, insbesondere gegen England* [Bl. 2] *auslösten, während sich nach den Worten des Führers die Wut der Volksgenossen in erster Linie gegen die Feinde im eigenen Lande, die Verräter unter den Offizieren und vor allem gegen die Reaktion richtete.* Noch tiefer wurde die Empörung, weil nicht bezahlte Agenten, sondern deutsche Offiziere den Anschlag verübten. Der deutsche Offizier war der Inbegriff von Treue und Gehorsam. Das ganze Volk habe seinem Abscheu Ausdruck ge-

In seinem Bericht beschreibt der SS-Obergruppenführer Kaltenbrunner die Stimmung der Bevölkerung nach dem Attentat in der „Wolfsschanze" am 20. Juli 1944.

geben. Nur ein geringer Teil von Volksgenossen, der dem Zeitgeschehen auch sonst abwartend gegenübersteht, habe sich klarer Äußerungen enthalten.

Immer wieder bringe man die *rückläufigen Bewegungen unserer Truppen im Osten sowie die Kette von Unglücksfällen von* TODT *bis* DIETL *in Verbindung mit der Verschwörerclique.* Vielfach werde auf Grund der Worte des Führers sowie der Befehle von Großadmiral DÖNITZ und des Reichsmarschalls angenommen, daß der Kreis der Verräter doch größer sei und die eigentlichen Urheber des Planes verborgen geblieben seien. Es könne sich doch nicht nur um einige wenige handeln, wenn die Füsilierung durch Bataillone durchgeführt worden sei. In den Gesprächen der Volksgenossen werden immer wieder die Hintergründe der Tat erörtert.

An die Ernennung des Reichsführers-SS zum Befehlshaber des Heimatheeres werde überall die Hoffnung geknüpft, daß jetzt einmal richtig »ausgemistet« werde, und die Forderung nach einer Generalreinigung gestellt. Da Himmler als einer der treuesten Kämpfer des Führers gelte, glaube man die Gewähr dafür zu haben, daß keine weiteren Schwierigkeiten mehr auftreten. Die Volksgenossen verlangen allgemein *härtestes Durchgreifen und Anspannung aller Kräfte für den totalen Kriegseinsatz.*

So wie auch in Berlin die Absperrung des Regierungsviertels ohne große Beunruhigung zur Kenntnis genommen wurde, haben auch in Schleswig an einigen Straßenkreuzungen aufgestellte Maschinengewehre keine Erregung der Bevölke- [Bl. 3] rung hervorgerufen, da die Maßnahme mit einem falschen Invasionsalarm in Verbindung gebracht wurde.

Da die Ansprache des Führers in den ersten Stunden des 21. 7. nur wenig gehört wurde, ist ihre Wiederholung um 12.30 Uhr dankbar begrüßt worden. Mit Spannung warte die Bevölkerung auf weitere Nachrichten, aus denen sie Einzelheiten über die Vorgänge und Namen der Beteiligten ersehen kann.

*Kaltenbrunner berichtet auch über Gerüchte,
die unter den „Volksgenossen" über das Attentat kursieren.*

Noch am 20. Juli 1944 ließ das amtliche Kommuniqué des Deutschen Nachrichtenbüros verlauten: „Auf den Führer wurde heute ein Sprengstoffanschlag verübt. Aus seiner Umgebung wurden hierbei schwerverletzt: Generalleutnant Schmundt, Oberst Brandt, Mitarbeiter Berger. Leichtere Verletzungen trugen davon: Generaloberst Jodl, die Generäle Korten, Buhle, Bodenschatz, Heusinger, Scherff, die Admirale Voß, von Puttkamer, Kapitän zur See Assmann und Oberstleutnant Borgmann. Der Führer selbst hat außer leichten Verbrennungen und Prellungen keine Verletzungen erlitten. Er hat unverzüglich darauf seine Arbeit wieder aufgenommen und – wie vorgesehen – den Duce zu einer längeren Aussprache empfangen. Kurze Zeit nach dem Anschlag traf Reichsmarschall Göring beim Führer ein."[46]

In der Nacht vom 20. auf den 21. Juli 1944 sprach Adolf Hitler von einer Clique ehrgeiziger, gewissenloser und zugleich verbrecherisch dummer Offiziere. Graf von Stauffenberg wurde noch in derselben Nacht in der Berliner Bendlerstraße standrechtlich erschossen. Er starb mit den Worten „Es lebe unser heiliges Deutschland."[47]

Durch die Gestapo folgten Verhaftungen der anderen Verschwörer gegen den Führer und Reichskanzler sowie Sippenhaft und Prozesse vor dem Volksgerichtshof unter der umstrittenen Verhandlungsführung Roland Freislers, aber auch Strangulierungen in Berlin-Plötzensee. Damit war der Widerstand und Staatsstreich vom 20. Juli 1944 zusammengebrochen.

Zwischen 1959 und 1963 wurde die grotesk anmutende Trümmerlandschaft der „Wolfsschanze", die insgesamt 80 Bunker und Casinos mit bis zu sechs Meter dicken Betonmauern umfasste, von den polnischen Behörden in ein Touristenzentrum umgewandelt, das später noch mit Parkplätzen und Rundwegen, Schautafeln, Hinweisschildern und Übersichtsplänen erweitert wurde. Ein Kino und Hotel sowie Kioske und Restaurants wurden erbaut, um den allgemeinen Tourismus mit einer fragwürdigen historischen Informations- und Sensationslust anzulocken.[48]

*Die Gedenktafel
für die Opfer des 20. Julis 1944.*

Der 20. Juli 1944 in der Traditionspflege der Bundeswehr

Einer jener Wehrmachtsoffiziere, die sich umgehend bereit erklärten, dem Führer und Reichskanzler ihre Ergebenheit auch nach dem Attentat auszudrücken, war kein geringerer als der Generalfeldmarschall Wilhelm Ritter von Leeb, bis 1993 Kasernenpatron der Bundeswehr im beschaulichen Standort Landsberg am Lech: „Ich […] benütze die Gelegenheit, Ihnen für die wundersame Errettung vor dem ruchlosen Anschlage meine tiefgefühlten Glückwünsche auszusprechen. Sieg dem deutschen Heere! Heil Hitler!"49

Am 31. Oktober 1944 empfing er folgendes Schreiben: „Im Auftrage des Chefs des Heerespersonalamts lege ich anliegend zur persönlichen Unterrichtung eine Liste der wegen Beteiligung am Verrat vom 20. Juli 1944 durch den Volksgerichtshof zum Tode Verurteilten sowie der Offiziere vor, die im Zusammenhang mit den Ereignissen vom 20. Juli 1944 durch den Führer auf Vorschlag des Ehrenhofes des Heeres aus der Wehrmacht ausgestoßen wurden. Die ausgestoßenen Offiziere sehen ihrer Aburteilung durch den Volksgerichtshof entgegen. Heil Hitler!"50

„Am 20. Juli 1944 […] war ich zu General von Pohl auf seinen Gefechtsstand bei Bologna befohlen", erfahren wir vom Eichenlaubträger der Flakartillerie Sepp Prentl. „Als ich vom Telefonieren zum Chef des Stabes zurückkam, erfuhr ich von dem Attentat auf Hitler in seinem Hauptquartier Wolfsschanze in Ostpreußen. Es war allgemeine Entrüstung über diesen Verrat, der – so meinte man – offensichtlich durch Offiziere der Etappe gegen den Führer verübt worden sei. Die Stimmung und die Reaktion bei den Soldaten an der Front waren trotz der misslichen Lage außerordentlich gereizt.

Heute versteht man dies kaum mehr, wir hatten alle zu wenig Einblick hier an der Front. Gemäß Führerweisung Nr. 1 durfte ja keiner mehr wissen, als er für die Führung in seinem Abschnitt notwendig hatte. Wir führten in unserem Verantwortungsbereich und glaubten nicht, dass neue Herren dem Vaterland nützlicher sein würden. Sicher wurde da und dort getuschelt. Aber das war höchst gefährlich. Der Chef des Stabes unseres Nahkampfkorps Italien (General Ritter von Pohl) wurde wenige Tage später vorübergehend festgenommen. Er kam aber bald wieder, da man ihm nichts nachweisen konnte."51

Am 20. Juli 1944 notierte der Kampfkommandant von Triest in seinem umfangreichen Kriegstagebuch: „Das verbrecherische Attentat auf den Führer ruft im Regiment allgemeine Abscheu vor den Verbrechern hervor. Ich spreche vor dem gesamten Regimentsstab und den Führern der 5. Kompanie und allen erreichbaren Unterführern über diese verwerfliche Handlungsweise der Täterclique und stelle fest, dass jeder Angehörige des Regiments der Vorsehung dankt, dass der Führer unverletzt blieb und dass jeder Angehörige des Regiments sich nun erst recht für Führer und Vaterland und Volk bis zum Letzten einsetzt",[52] so der Oberstleutnant der Reserve Dr. Carl Schulze, der nach dem Zweiten Weltkrieg mit seinem Gedankengut den Münchner Kameradenkreis der Gebirgstruppe nachhaltig inspirierte.[53]

Nachdem sich der Eichenlaubträger Michael Pössinger auf Anraten seines alten Kriegskameraden Dr. phil. Herbert Schindler für einen Eintritt in die im Aufbau befindliche Bundeswehr entschieden hatte, musste er sich wie jeder Offizier der Deutschen Wehrmacht einer Gewissensprüfung unterziehen. Darüber berichtet er Folgendes:[54]

„In einem Kreis von fünf Herren stellte man mir Fragen. Eine davon ist mir besonders im Gedächtnis. Man wollte wissen, wie ich über den 20. Juli 1944, also über das Stauffenberg-Attentat auf Hitler denke. Ich konnte nicht anders, als meine wahre Meinung dazu zu sagen, obwohl ich natürlich zu wissen glaubte, was die ‚Prüfer' hören wollten: ‚Tut mir leid, das Attentat war vielleicht gut gemeint, aber wenn ich persönlich vorhätte, jemanden umzubringen, dann bringe ich ihn auch um und schau nicht vorher, dass ich mich in Sicherheit bringen kann! Wenn jemand eine Bombe in den Raum schmuggelt, dann geht das auch mit einer Pistole!'

Ich wies darauf hin, dass ich mich damals in Winniza im Hauptquartier, wohin mich Galland mitgenommen hatte, frei bewegen konnte. Ich wurde nicht kontrolliert, hatte das Koppel umgeschnallt und Hitler und Göring gingen an mir vorbei. Es wäre ein Leichtes gewesen, sie damals zu erschießen! Ich fuhr fort: ‚Alles in Ehren, aber wenn man sowas vorhat, dann muss man den eigenen Tod in Kauf nehmen und die Pistole solange durchziehen, bis alles rum ist!' […]

Die Männer schauten mich nach meiner kühnen Aussage verwundert an – alle in Zivil, ich wusste ja nicht, waren es ehemalige Oberste oder Generäle oder sonst was – sagten aber nichts. Auf die Gewissenserforschung der Herren hin bekam man eine Beurteilung in Form einer Note von 1 bis 6 – wie in der Schule. Nachdem ich eine Reihe ähnlicher Fangfragen beantwortet hatte, wurde ich entlassen, und ich ging wieder ins Büro, in dem sich der Staatssekretär Gumbel und mein Freund Schindler aufhielten. Ich meinte, ich könne mich auf Grund meiner Äußerungen gleich wieder verabschieden, da sagte der Herbert: ‚Alles bestens! Du hast einen Zweier!'"

Wie die Eichenlaubträger Sepp Prentl und Michael Pössinger dachten nicht nur in den Aufbaujahren der Bundeswehr, speziell der 1. Gebirgsdivision, nahezu alle Truppenoffiziere des Zweiten Weltkrieges, die im harten Kampfeinsatz standen und für den Putschversuch des 20. Julis 1944 nur wenig Verständnis zeigten. Erst sehr viel später erklärte die Bundeswehrführung die Männer des Attentats auf den Führer und Reichskanzler zu Vorbildern und verteilte hierzu das Buch „20. Juli 1944. Ein Drama des Gewissens und der Geschichte" als Vorgabe für den politischen Unterricht in den Streitkräften. Dies stieß bei einigen kriegsgedienten Ostfrontkämpfern allerdings auf keine große Zustimmung, sodass sie bei den anbefohlenen Gedenkfeiern und den damit verbundenen Appellen durch betretenes Schweigen oder durch Abwesenheit und Dienstbefreiung ihren Unmut zum Ausdruck brachten, wie zum Beispiel während der Wasserübung des Brannenburg-Degerndorfer Gebirgspionierbataillons 8 am 20. Juli 1965 in Eining an der Donau, wo der Verfasser dieser zeitgeschichtlichen Biografie beim Morgenappell den anberaumten Vortrag gehalten hat, weil sich die verantwortlichen Offiziere nicht den Mund verbrennen wollten ...[55]

Das Buch „20. Juli 1944. Ein Drama des Gewissens und der Geschichte" erschien 1961 und war für die politische Bildung der Soldaten bedeutend.

„Die Erinnerung an den 20. Juli 1944 beschwört den Opfergang Stauffenbergs und seiner Getreuen. Aber er stellt den Soldaten auch vor Abgründe der Geschichte, vor die politische Anarchie und die militärische Katastrophe, vor die Tatsache, dass die Wehrmacht der Befehlsgewalt eines Wahnsinnigen ausgeliefert war. Aus solchen Reminiszenzen kann die Armee keine Kraft gewinnen. Der 20. Juli führt nicht zum Staat, sondern von ihm weg. Er ist kein Quell, aus dem der mit der geschichtlichen Entwicklung ungenügend vertraute einfache Mann Mut und Vertrauen in seine Führung schöpfen könnte. Nachdenkliche und gebildete Soldaten wird er mit Zweifeln erfüllen, auf die es keine Antwort gibt", resümierte der konservative Schriftsteller und Publizist Hans-Georg von Studnitz in seinem aufsehenerregendem Buch „Rettet die Bundeswehr!"[56]

Nach seiner Verweigerungshaltung zum anberaumten Vortrag über den 20. Juli 1944 während der Wasserübung 1965 stand der militärischen Karriere des seinerzeitigen Bataillonsadjutanten Oberleutnant Karl Hoffmann (links im Bild) bis zum Brigadegeneral und Kommandeur der Pionierschule München nichts mehr im Wege.

Der Endkampf im Reichsgebiet

Nach dem missglückten Attentat auf Adolf Hitler und der Niederschlagung der Putschisten wurde der Eichenlaubträger Rudolf Schlee am 20. Oktober 1944 mit Wirkung vom 1. August zum Hauptmann befördert und bei Kriegsende im Endkampf um das Reichsgebiet eingesetzt.

Der unter Überspringung des Dienstgrades Oberstleutnant zum Oberst beförderte Otto Ernst Remer nahm währenddessen zunächst im Westen an der Ardennenoffensive unter dem Generalfeldmarschall Gerd von Rundstedt teil, wurde am 30. Januar 1945 als Kommandeur der Führerbegleitpanzerdivision zum Generalmajor befördert und kämpfte mit ihr unter dem Generalobersten, seit 5. April 1945 Generalfeldmarschall Ferdinand Schörner, im Bereich der Heeresgruppe Mitte. Am 27. Februar 1945 erließ Hitlers Feldmarschall der letzten Stunde nach dem Motto „Der Zweck heiligt die Mittel" folgenden Durchhaltebefehl:[57]

„Der Oberbefehlshaber der   Hauptquartier, den 27. Februar 1945
Heeresgruppe Mitte
Nr. 750/45 Geheim

An die
Oberbefehlshaber und
Kommandierenden Generäle.

Ich habe jetzt ein genügend klares Bild über Haltung und Zustand von Truppe und Stäben, außerdem durch meine häufig wechselnde Verwendung einigen Überblick.

Ich stelle fest, dass gerade an diesem Teil der Ostfront prächtige Truppen kämpfen, die unter beweglichen und kühnen Führern jeder Lage nicht nur mit Tapferkeit, sondern tatsächlich mit einem revolutionären Schwung gegenübertreten, wie er großen Zeiten immer eigen war. Damit werden Leistungen vollbracht, wie wir sie gerade im 6. Kriegsjahr brauchen.

Auf der anderen Seite fallen aber einige Verbände derart krass ab, wie ich das unter ähnlichen Bedingungen noch nie erlebt habe, und die eher etwa zur rumänischen Wehrmacht passen, als zu unserer nationalsozialistischen, die auf deutschem Boden um Sein oder Nichtsein unseres großen Volkes kämpft. Ich meine damit nicht nur die improvisierten Einheiten, die unter tatkräftigen Führern zum Teil heute gleichfalls schon Hervorragendes leisten. Sachlich stelle ich in all diesen negativen Fällen fest, dass die Wurzel des Übels – selbstverständlich – in der Führung und in den Stäben liegt. Fast vier Jahre eines asiatischen Krieges haben dem Frontsoldaten ein anderes Gesicht gegeben, wie einst dem Kämpfer vor Verdun und an der Somme; sie

Lesen und weitergeben!

Der Panzerbär

24. April 1945

KAMPFBLATT FÜR DIE VERTEIDIGER GROSS-BERLINS

Der Führer in Berlin

Schlacht um Berlin in voller Heftigkeit

Erfolgreiche Abwehr und Gegenangriffe im Süden der Ostfront — Lage im Westen kaum verändert

Aus dem Führerhauptquartier
23. April

Das Oberkommando der Wehrmacht gibt bekannt:

Im ostmärkischen Grenzgebiet gewannen unsere Gegenangriffe im Frontbogen südlich des Semmering weiter Boden.

Südöstlich St. Pölten drückt der Gegner vergeblich gegen den Goolsenabuchnitt nach Süden. In den Kampfabschnitten nordwestlich Mistelbach und südlich Brünn scheiterten erneute Durchbuchsversuche der Bolschewisten nach harten Kämpfen. Nordöstlich Mährisch-Ostrau konnte der vorübergehend verlorengegangene Zusammenhang der Front wieder hergestellt werden.

Zwischen den Sudeten und dem Stettiner Haff wird schwer gekämpft. Starke feindliche Kräfte sind durch schwungvoll geführte Gegenangriffe nordwestlich Görlitz von ihren rückwärtigen Verbindungen abgeschnitten und dadurch am weiteren Vordringen nach Westen behindert. Die tapfere Besatzung von Bautzen hielt auch gestern zahlreichen bolschewistischen Angriffen stand. Auch bei Spremberg leisten unsere Kampfgruppen den anstürmenden Sowjets erbitterten Widerstand. Dagegen ging Kottbus nach zäher Verteidigung verloren.

Die Schlacht um die Reichshauptstadt ist in voller Heftigkeit entbrannt. Südlich der Stadt fingen unsere Truppen starke Panzerkräfte der Bolschewisten in der Linie Beelitz — Trebbin — Teltow — Dahlewitz auf. Der verlorengegangene Bahnhof Köpenick wurde im Gegenstoß wieder genommen. Ein feindlicher Einbruch entlang der Prenzlauer Allee wurde abgeriegelt. Nördlich der Stadt drangen sowjetische Angriffsspitzen bis zur Havel vor, die sie vergeblich zu überschreiten suchten.

Im Raum von Frankfurt und an der nördlichen Oderfront dauern wechselvolle Kämpfe an.

Auf der Landzunge von Pillau wurden die mit starker Schlachtfliegerunterstützung gegen unsere Sperrlinie vorgetragenen Angriffe im wesentlichen abgeschlagen; um eine Einbruchsstelle wird noch gekämpft.

Die Besatzung des Atlantikstützpunktes St. Nazaire wies wiederholte Angriffe der Amerikaner zum Teil im Nahkampf ab. Durch einen zusammengefaßtes Abwehrfeuer hatte der Feind hohe blutige Verluste. Mehrere Panzer, Maschinengewehre und Gefangene wurden eingebracht.

In Nordwestdeutschland blieb die Lage trotz fortgesetzter Angriffe des Gegners an den bisherigen Schwerpunkten unverändert.

Zwischen Dessau und Eilenburg haben unsere Truppen nach schweren Kämpfen neue Sicherungslinien auf dem Ostufer der Mulde aufgebaut.

Im sächsischen Kampfraum und im Vogtland beschränkten sich die Amerikaner auch gestern auf örtliche Aufklärungsvorstöße. Dagegen verstärkten sie

Aufruf des Gauleiters: Männer Berlins!

Reichsminister Dr. Goebbels gibt folgendes bekannt:

Der Feind ist in einige Außenbezirke der Reichshauptstadt eingedrungen. Es wird mit äußerster Entschlossenheit und Einsatz aller Mittel bekämpft, und zwar unter dem Befehl des Führers, der in Berlin weilt.

Berlin kämpft!

Wenn anderslautende Parolen auftauchen, wenn insbesondere von irgendeiner Kapitulation die Rede ist, so sind dies Gerüchte, die von feindlichen Agenten, die sogar in deutscher Uniform auftauchen, ausgegeben werden. Ihnen ist mit aller Schärfe entgegenzutreten.

Männer Berlins, Soldaten der Wehrmacht und Kämpfer des Volkssturms! In unserer Hand liegt das Schicksal der Reichshauptstadt. Wir haben in unseren Mauern die Waffen, die notwendig sind, und wir haben auch den Mut, diese Waffen anzuwenden und einzusetzen. Wir kämpfen für unsere Frauen und Kinder. Wir kämpfen in den Trümmern unserer Stadt, die wir einmal wieder aufbauen wollen, schöner als sie war.

Manche Stadt des deutschen Ostens hat uns ein Beispiel gegeben, wie man gegen Bolschewisten kämpft. Am leuchtendsten ist das Beispiel von Breslau, das nun schon so lange alle Angriffe der Bolschewisten abgewehrt hat.

Berlin wird sich von diesem Beispiel nicht beschämen lassen.

Berlin wird den Bolschewisten nicht übergeben.

Die Reichshauptstadt selbst steht jetzt mit ihrer ganzen Kraft in der Lücke der Ostfront, die der Feind riß dieser Ostfront, deren nördlicher und südlicher Abschnitt allen Angriffen standgehalten hat. Neue Kräfte werden in Kürze in diesen Kampf eingreifen. Vor Berlin muß und wird der bolschewistische Ansturm zerschellen.

Friedrich der Große an den Prinzen Heinrich

Es ist nicht schwer, Leute zu finden, die dem Staate in leichten und glücklichen Zeiten dienen; gute Bürger sind die, die dem Staate in einer Zeit der Gefahr und des Unglücks dienen.

Zeitgenössische Zeitungen rufen die Bevölkerung im Endkampf trotz aussichtsloser Lage zu Entschlossenheit und Kampfesmut auf.

haben ihn hart gemacht und im Kampf gegen den Bolschewisten fanatisiert. Auch an der Lausitzer Neiße werden in diesen Tagen keine Gefangenen mehr gemacht. Im Ostfeldzug ist der politische Soldat gewachsen, der damals schon in den Trichtern des Westens entstand und die nationalsozialistische Front gründete. Er wusste damals und er weiß heute, worum es geht; er handelt und er lebt danach.

Spurlos dagegen scheint diese revolutionierende Bewegung an einigen Stäben vorübergegangen zu sein. Ich vermisse da das erforderliche Anpassen an den blutigen Ernst unseres Existenzkampfes, den wir heute führen, jeder an seiner Stelle. Man findet in Stäben noch ein Maß von Gleichgültigkeit dem politischen und militärischen Geschehen gegenüber, dass man sich des Eindrucks nicht erwehren kann, sie seien Rudimente einer vergangenen Zeit ohne jegliche Idee. Die Sorge um das bequeme Quartier, wo man Gutsherr spielen kann, um gutes Essen und Marketenderwaren, um die Gelegenheit, mit fremdländischen Huren verkehren zu können, und ein dauerndes Feiern von sogenannten Geburtstagen gegenüber der Sorge um die Front schlagen dem Frontsoldaten ins Gesicht. Dieser Zustand hat hiermit augenblicklich aufgehört, oder es wechseln die Nutznießer und ihre Gönner.

Selbstverständlich strahlen Repräsentanten solcher Stäbe nicht die geringste Aktivität und Willenskraft in die kämpfende Truppe aus. Es soll da Leute geben, die noch nicht einmal vorwärts des Divisionsgefechtsstandes übernachtet haben! Und diese Leute sollen ausgerechnet für das Wohl und Wehe unserer tapferen Frontsoldaten irgendeine Funktion mit Nutzen ausüben können? Erbitterten Kampf der bisherigen Anonymität der Führung! Der Stab ist kein anonymes Gebilde, sondern die Summe einzelner Soldatenpersönlichkeiten, die jeder Mann an der Front kennen und anerkennen soll!

Eines dürfte klar sein: Die Zeiten sind vorbei, die ohne Lebensgefahr mit vornehmer Geste und einer defätistischen Müdigkeit des Geistes und Willens die Behaglichkeit eines Lebensstiles, der gar keiner ist, über die harte Pflicht stellen. Geistreich getarnter Defätismus lähmt die Aktivität der Truppe; hier kann sich der Soldat keine Kraft holen, sondern sich nur gleichfalls anstecken.

Lächerlich erscheint es aber, mit solchen Gestalten die Truppe fanatisieren zu wollen, da sie selbst einer Fanatisierung am meisten entgegenstehen und den Begriff des Revolutionären ablehnen. Mit blödem Lächeln und billigen Redensarten, gelegentlich saloppen Sprüchlein über die Lage, sollen sich in früheren Zeiten Unverantwortliche über den Ernst der Stunde hinwegzusetzen versucht haben. Heute wäre es jedenfalls Wahnsinn, die fanatisierten Bolschewisten mit Bürgern vernichten zu wollen, die dem politischen Geschehen kindlich harmlos gegenüberstehen.

Ich bin mir mit den Oberbefehlshabern und Kommandierenden Generälen einig wie mit jedem Frontsoldaten, dass wir im asiatischen Krieg revolutionäre und mitreißende Offiziere brauchen, gerade auch in den Stäben, deren einzelne Angehörige sämtlich irgendwie führend sein sollen. Stalin wäre mit seinen Bolschewisten nie so weit vorgefahren, wenn er geduldet hätte, mit bürgerlichen Methoden Krieg zu führen. Wir können das Geschick nur wenden, wenn wir tatsächlich mit äußerstem Fanatismus in dieser kritischen Stunde ans Werk gehen, wenn wir diese Äußerung unseres nationalsozialistischen Kämpfertums jedem offenbar machen und vor allem unsere Offiziere durch die Tat davon überzeugen, dass es nur so geht.

Ich dulde in dieser Frage keine Umschreibung mehr.

Ich fordere klar und eindeutig Fanatismus, nichts anderes.

Es überrascht mich, dass für einzelne solcher Kreise die nationalsozialistische Führung der Truppe immer noch ein Stein des Anstoßes ist, den es taktisch geschickt zu umgehen und auszuschalten gilt. Diese Toren, Vertreter einer verbrecherisch schleichenden Agonie, haben noch nicht begriffen, dass im totalen Krieg nur der politische Soldat bestehen kann. Die billige charakterlose Methode, den Nationalsozialistischen Führungsoffizier als ‚Angeber' zu diffamieren, sobald er seine Pflicht erfüllt und gegen solche Zeitgenossen vorgeht, ist verwerflich und gefährlich! Ich werde mich an anderer Stelle über die klar vorgezeichneten Aufgaben des Nationalsozialistischen Führungsoffiziers aussprechen, der politisch weniger aufgeklärt, als verantwortlich führt.

In dieser Stunde ziemt nur das offene Gesicht der Wahrheit; denn so sind meine Zeilen gemeint. Wir haben uns verstanden, und ich bitte dringend, da, wo es nötig ist, rechtzeitig in eigener Zuständigkeit und ohne Rücksicht auf die Person die erforderlichen Konsequenzen zu ziehen.

gez. Schörner"

Schörners Sprache war eindeutig. Er redete nicht um den heißen Brei herum. Er geißelte die Missstände, nannte die Huren und ihre uniformierten Freier, die sich in der Etappe zu Tode amüsierten, während die armen Frontschweine im Dreck verbluteten, beim Namen und deckte alle Arten von Missständen schonungslos auf, sodass sich nicht wenige von ihrem Oberbefehlshaber auf frischer Tat ertappt fühlten (und ihre Rechnung nach Kriegsende beglichen).

Dass der Gegner trotz seiner gewaltigen Übermacht an Flugzeugen, Panzern und Artillerie nicht den schnellen operativen Erfolg erzielen konnte, den er erwartet hatte, lag nicht zuletzt an Schörners festem Auftreten, das jede Drückebergerei im Keim erstickte und die letzten Reserven mobilisierte. So gelang ihm auch noch in dieser Phase des Kriegsgeschehens immer wieder ein örtlicher Erfolg; wie zum Beispiel nordöstlich von Lauban. Was war geschehen?

Weder der Generaloberst Schörner noch der General der Panzertruppe Walther K. Nehring waren gewillt, dem Gegner das Kampffeld widerstandslos zu überlassen. Daher entwickelte sich zwischen dem 2. und dem 6. März 1945 die Schlacht um Lauban – ein letzter operativer Angriffserfolg der Heeresgruppe Mitte. Mit der

Oberfeldwebel Rudolf Schlee als Eichenlaubträger.

*Titelblatt der „Berliner Illustrierten Zeitung"
vom 22. Februar 1945.*

70000 aus der Feuerzone geborgen

Flüchtlinge werden im Hafen von Kolberg von Einheiten der Kriegsmarine an Bord genommen. Schwere Brandwolken aus der brennenden Stadt wälzen sich über die Reede.

Die Zeitung berichtet von 70.000 Flüchtlingen, die aus der Feuerzone geborgen wurden.

Hitler bei einer Lagebesprechung im Hauptquartier der 9. Armee an der Oderfront in Bad Saarow am 3. März 1945.

Hitler mit dem Reichsminister für die besetzten Ostgebiete, Alfred Rosenberg. Im Hintergrund Hans Heinrich Lammers als Chef der Reichskanzlei.

Ein Poster aus dem Jahre 1945, welches zur Verteidigung der „Frontstadt Frankfurt“ aufruft.

An den Berliner Volkssturm!

Berlin ist eingekesselt!

Die Rote Armee hat einen festen Ring um die Stadt gelegt. Dieser Ring wird unter den Schlägen der Roten Armee immer enger. Bei der katastrophalen Lage der deutschen Truppen an den anderen Frontabschnitten, wäre es geradezu töricht, an eine Hilfe für das eingeschlossene Berlin zu glauben.

Die Reste der im Raum von Frankfurt a. O. zerschlagenen deutschen Divisionen sind im Raum südlich von Beeskow eingeschlossen und strecken zu Tausenden die Waffen. Die untere Oder wurde auf breiter Front überschritten. Stettin ist besetzt. Hier sind die Russen 30 km über Stettin hinausgestoßen. Gleichzeitig haben andere Sowjettruppen den Hohenzollernkanal überschritten. An der Elbe vereinigten sich Sowjettruppen an mehreren Stellen mit den Amerikanern. Der kleine bis jetzt noch unbesetzte Teil Deutschlands ist somit in zwei Stücke aufgespalten.

Gleichzeitig hat die Rote Armee niedagewesene Kräfte an Berlin herangeführt: Zehntausende schwerer Geschütze und Salvengeschütze, Tausende von Bombern und Panzer. Das Schicksal Berlins ist besiegelt. Nichts wird die Rote Armee aufhalten können.

Eure Kräfte sind erschöpft. Es gibt nur noch wenige reguläre Truppen — nur Reste einiger an der Oder zerschlagener Divisionen und Etappenhengste aus den Berliner Militärdienststellen und Depots.

Ihr seid sehr schlecht bewaffnet und noch schlechter ausgebildet. Es fehlt Euch sogar an modernen leichten Waffen, ganz abgesehen von schweren.

Bei einer solch erdrückenden Übermacht der Roten Armee wird weiterer Widerstand nur zur vollen Zerstörungen dessen führen, was in der Stadt noch erhalten ist.

Der Versuch, den Kampf in die Länge zu ziehen, wird zu einer schrecklichen Hungersnot, zu Seuchen und zu dem Tod Zehntausender friedlicher Einwohner führen.

Uns ist bekannt, daß in der Stadt bereits Hunger herrscht, daß es an Wasser und Licht mangelt.

Dieses Schreiben fordert den Berliner Volkssturm zur Einstellung des Widerstandes auf.

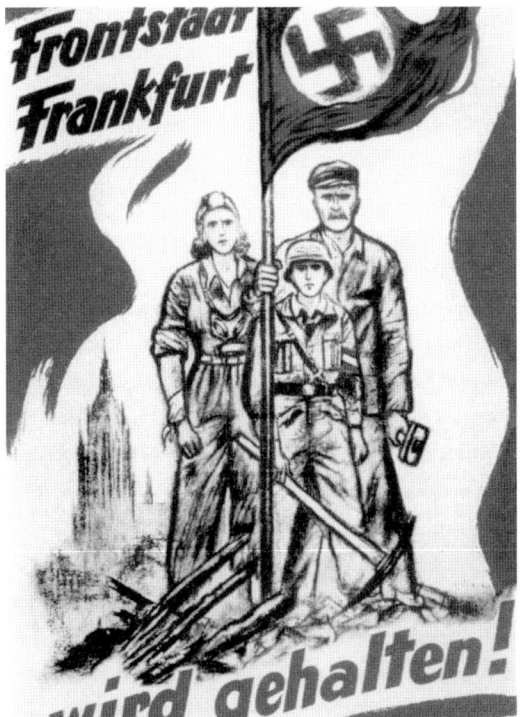

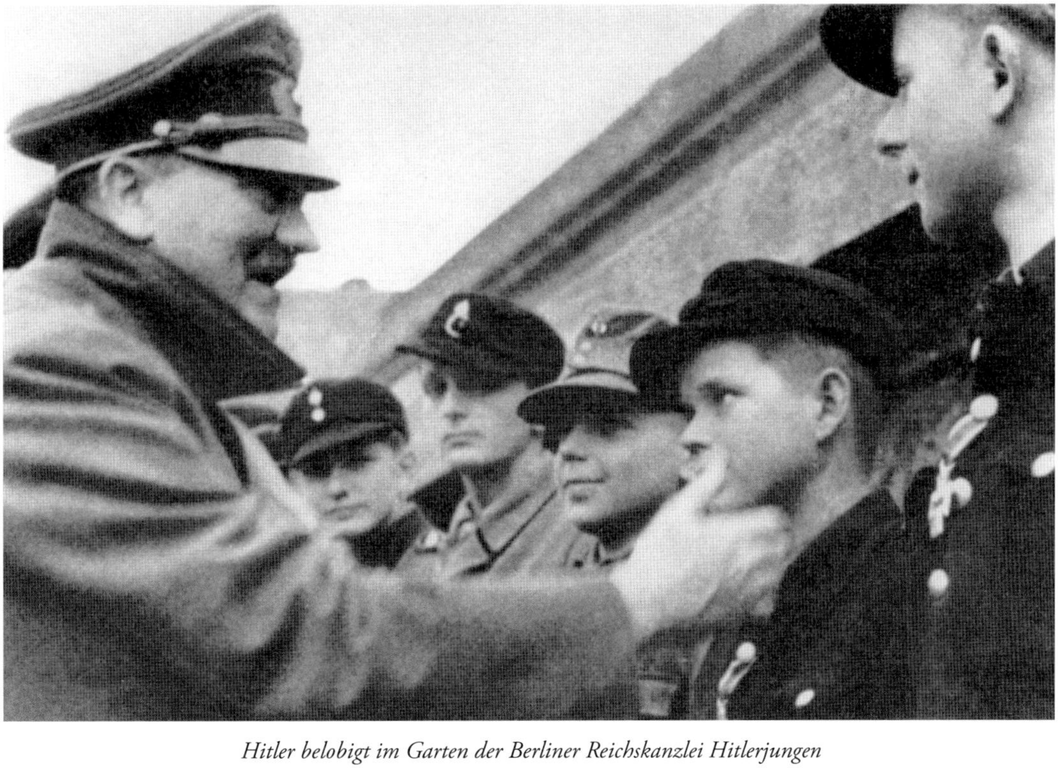

Hitler belobigt im Garten der Berliner Reichskanzlei Hitlerjungen für ihren beherzten Einsatz gegen die sowjetische Armee.

Ferdinand Schörner –
Hitlers Feldmarschall der letzten Stunde.

Joseph Goebbels bedankt sich bei Generaloberst Schörner am 8. März 1945 für die Rückeroberung der schlesischen Stadt Lauban, welche zuvor am 28. Februar 1945 von der 3. sowjetischen Gardepanzerarmee eingenommen wurde.

Joseph Goebbels hielt auf dem Marktplatz von Lauban eine flammende Rede, die eine baldige Kriegswende zugunsten Deutschlands ankündigte. Die Wirklichkeit sah jedoch völlig anders aus.

Der Jagdpanzer 38(t) „Hetzer" mit aufgesessener Infanterie im Endkampf an der Ostfront.

Straßenkampf in Berlin Ende April 1945.

*Der Innenhof der zerstörten
Berliner Reichskanzlei.*

*Sowjetische Soldaten vor dem
zerbrochenen Reichsadler.*

Der Remerverteidiger Adolf Kössinger (vordere Reihe – Dritter von rechts) am 11. November 1988 als Vorsitzender der Kreiskameradschaft Kempten.

Adolf Kössinger (links im Bild) nach seinem erzwungenen Rücktritt mit seinem Nachfolger Hauptfeldwebel Manfred Eiermann im engen Schulterschluss.

Durchführung dieser Operation wurde Schörners Heeresgruppe Mitte beauftragt. Das Oberkommando des Heeres stellte hierzu folgende Kräfte bereit:[58]

1) Aus dem Panzer-Generalkommando XXIV unter General der Panzertruppe Nehring wurde der Führungsstab einer „Panzergruppe" gebildet. Chef des Generalstabes blieb Oberst im Generalstab E. F. Binder, Nachschubbearbeiter Major im Generalstab Kurt Blüthgen. Das Generalkommando XXIV wurde an seiner bisherigen Front Forst-Guben gegen das Generalkommando des V. Armeekorps ausgetauscht, das bisher im Raum von Lauban geführt hatte.
2) An Truppen wurden zugeführt:
   a) rechts, also ostwärts von Lauban, das LVII. Panzerkorps unter General der Panzertruppe Fr. Kirchner mit Oberst im Generalstab Kleinschmit als Chef des Generalstabes.
   Diesem Korps unterstanden:
   Führerbegleit-Panzerdivision unter Generalmajor Otto Ernst Remer (32 Jahre alt), Divisionskommandeur seit 31. Januar 1945
   8. Panzerdivision unter Oberst Hermann-Georg Hax, Divisionskommandeur seit Januar 1945 (1936 Olympiakämpfer)
   16. Panzerdivision unter General Major Dietrich von Müller, Divisionskommandeur seit Sommer 1944, zwei Infanteriedivisionen.
   b) links, also westlich von Lauban, das XXXIX. Panzerkorps unter General der Panzertruppe Karl Decker mit Oberst im Generalstab Kühlein als Chef des Generalstabes.

Nachdem die Schlacht von Lauban am 6. März 1945 durch einen beherzten Angriff der Panzergruppe Nehring erfolgreich geschlagen worden war, gab der Kommandierende General tags darauf über den Rundfunk einen Bericht ab, in dem es unter anderem hieß:[59]

„Am 2. März 1945 traten die mir unterstellten Divisionen des LVII. Panzerkorps und des XXXIX. Panzerkorps aus ihren Bereitstellungsräumen zum umfassenden Angriff auf Lauban an. Mein Auftrag war, das feindliche Vorgehen in Richtung Görlitz durch einen harten Schlag abzufangen und Lauban wieder freizukämpfen, dabei den hier vorspringenden russischen Frontbogen zu beseitigen und durch diese Frontverkürzung eigene Kräfte einzusparen. Trotz sehr harten und verbissenen Widerstandes des Feindes – einer russischen Gardepanzerarmee –, trotz ungünstiger Witterungs- und Bodenverhältnisse, trotz mangelnder Ruhe und Unterkunft haben wir die Sache bei Tag und bei Nacht so geschafft, wie sie von uns erwartet wurde. Vom Truppenführer bis zum letzten Mann gab jeder sein Bestes her, um den Erfolg zu erzwingen." Für Deutschland zeichnete sich ein apokalyptisches Ende des Zweiten Weltkrieges ab, als der Hauptmann Rudolf Schlee im April 1945 bei

Frankfurt an der Oder in sowjetische Kriegsgefangenschaft geriet. Und wie erging es seinem Kommandeur Otto Ernst Remer bei Kriegsende? Es war ein Geheimnis, das Jahre hindurch verschleiert und erst 1952 während eines Beleidigungsprozesses gelüftet werden konnte.

Denn im Laufe dieses Verfahrens kam ans Tageslicht „dass Remer seiner in Spreeberg östlich der Elbe eingeschlossenen Division in den letzten Kriegstagen befohlen hatte, nach Süden Richtung Dresden durchzubrechen", heißt es in einem biographischen Lexikon. „Er selbst ging dagegen in Zivilkleidung über die westlich gelegene Elbe, wo damals bereits amerikanische Truppen standen", von denen er sich widerstandslos gefangen nehmen ließ.[60]

Am 5. April 1945 wird der Brillantenträger Ferdinand Schörner zum Generalfeldmarschall befördert.

Die „Berliner Illustrierte Zeitung" vom 29. April 1945 berichtet von der Situation der Führer-Grenadierdivision an der Oder.

Sowjetische Kriegsgefangenschaft und Heimkehr

Von den Rheinwiesenlagern der Amerikaner bis in die entferntesten Urwälder Sibiriens erstreckte sich das große Sterben der deutschen Kriegsgefangenen. Waren im Verlauf des Zweiten Weltkrieges rund drei Millionen deutsche Soldaten gefallen, so kamen in den Kriegsgefangenenlagern der Alliierten nochmals über drei Millionen um. Für den Eichenlaubträger Rudolf Schlee und alle deutschen Kriegsgefangenen war der 8. Mai 1945 also alles andere als ein Tag der Befreiung, wie ihnen Jahrzehnte später insbesondere Politiker und selbsternannte Vergangenheitsbewältiger als einen Beitrag zur einseitigen Geschichtsaufarbeitung darstellten.

Der Hauptmann Rudolf Schlee wurde 1947 aus der sowjetischen Kriegsgefangenschaft entlassen und führte fortan ein beschauliches bürgerliches Leben, während sich sein ehemaliger umtriebiger Kommandeur des Wachbataillons „Großdeutschland" zunehmend radikalisierte. Nach seiner US-Kriegsgefangenschaft betätigte Generalmajor Otto Ernst Remer sich an führender Stelle in der 1952 verbotenen Sozialistischen Reichspartei (SRP) unter anderem als Landesvorsitzender in Schleswig-Holstein. 1952 wegen Beleidigung der Widerstandskämpfer zu dreimonatiger Gefängnisstrafe verurteilt, floh er nach Ägypten und in den Libanon. Nach einigen Jahren im arabischen Exil kehrte er heim, wurde politisch und publizistisch erneut tätig.[61] Remers diesbezügliche Aktivitäten, Ansichten und Publikationen wurden unter anderem auch von den Angehörigen der deutschen Gebirgstruppe wohlwollend beurteilt und – wenn es sein musste – auch vor Gericht verteidigt. Unter ihnen befand sich an führender Stelle der Volljurist und Richter Adolf Kössinger. Seine soldatische Ausbildung erhielt er 1941 in der Nachrichtenersatzkompanie 157 im oberbayerischen Passionsspielort Oberammergau. 1942 wechselte er zur 157. Reservegebirgsdivision, der späteren 8. Gebirgsdivision. Nach den Rückzugskämpfen in den Westalpen geriet er 1945 in der Poebene in alliierte Kriegsgefangenschaft.

Nach dem Krieg studierte Adolf Kössinger in München Rechtswissenschaft. Nach verschiedenen Verwendungen im Justizdienst trat er 1969 als Vorsitzender Richter am Landgericht Kempten in den Ruhestand. Dem Kameradenkreis der Gebirgstruppe trat er schon 1956 in Memmingen bei und war dort mehrere Jahre Kameradschaftsältester. Nach seiner Versetzung nach Kempten übernahm er dort 1975 den Vorsitz der Kreiskameradschaft. Darüber hinaus war er stellvertretendes Mitglied des Erweiterten Vorstandes des Münchner Kameradenkreises, sodass sein vorbildliches Engagement 1981 mit der Verleihung der Goldenen Ehrennadel gewürdigt wurde. Gleichzeitigs war Kössinger ein gewichtiger Ansprechpartner des Bundesministers der Verteidigung hinsichtlich der Traditionspflege in der 1. Gebirgsdivision.

für Kamerad Zöck Kopie

Der Bundesminister der Verteidigung
Fü H I 3 - Az 35-08-07

Kopie

5300 Bonn 1, 18. Januar 1988
Telefon (0228) 12- 57 29

Herrn
Adolf Kössinger
1.Vorsitzender
Kameradenkreis der Gebirgstruppe e.V.
Kreiskameradschaft Kempten
Am Göhlenbach 67

8960   Kempten (Allgäu)

Sehr geehrter Herr Kössinger!

Der Bundesminister der Verteidigung hat mich beauftragt, Ihnen seinen Dank für Ihr Schreiben vom 28. Dezember 1987 zu übermitteln.

Die Ihrem Schreiben beigefügten Anlagen enthalten für uns wichtige Informationen. Insbesondere die eidesstattliche Erklärung des Herrn Binder ist ein bedeutsames Dokument und eine wertvolle Argumentationshilfe für die Diskussion um die Umbenennung der Generaloberst-Dietl-Kaserne in Füssen und bestärkt das Bundesministerium der Verteidigung in seiner Auffassung, keine von oben verfügte Umbenennung dieser Kaserne ins Auge zu fassen.

Mit freundlichen Grüßen
Im Auftrag

Noack

*Der Bundesminister der Verteidigung ließ Adolf Kössinger im Januar 1988
für ihm zugesendete Dokumente seinen Dank übermitteln.*

Hauptmann Rudolf Schlee

Geboren am 10. November 1913 in Ludwigshafen am Rhein.
Verstorben am 19. Juni 1979 in Ludwigshafen-Oggersheim.

Letzte Dienststellung:
Chef der 4. Kompanie des Wachbataillons „Großdeutschland".

Beförderungen:
Gefreiter am 1. Juni 1935
Unteroffizier am 1. Juni 1936
Feldwebel am 1. November 1939
Oberfeldwebel am 1. Juli 1941
Leutnant am 15. Mai 1943
Oberleutnant am 20. Januar 1944
Hauptmann am 20. Oktober 1944

Orden und Ehrenzeichen:
Dienstauszeichnung IV. Klasse am 4. April 1938
Deutsches Schutzwallehrenzeichen am 15. März 1940
Eisernes Kreuz II. Klasse am 8. Juni 1940
Eisernes Kreuz I. Klasse am 3. August 1940
Infanteriesturmabzeichen am 25. August 1940
Ritterkreuz des Eisernen Kreuzes am 23. Oktober 1941
Rumänische Medaille für treue Dienste III. Klasse am 5. November 1941
Königlich bulgarisches Soldatenkreuz des Tapferkeitsordens III. Klasse
am 17. März 1942
Medaille Winterschlacht im Osten 1941/1942 (Ostmedaille) am 1. August 1942
Verwundetenabzeichen in Schwarz am 4. Dezember 1942
Nahkampfspange 1. Stufe 1942
Eichenlaub zum Ritterkreuz des Eisernen Kreuzes am 6. April 1943

Teilnahme an Feldzügen:
Frankreichfeldzug 1940
Balkanfeldzug 1941
Russlandfeldzug 1941 bis 1942
Endkampf im Reichsgebiet 1945

Nachwort

Ein sprichwörtliches Urgestein der Gebirgstruppe der Reichswehr und Wehrmacht sowie der daraus hervorgegangenen 4. Gebirgsdivision war der gebürtige Kemptener Johann-Georg Böck, der, wie er dem Autor dieser zeitgeschichtlichen Biografie am 13. Oktober 1987 schrieb, als „jüngster Rekrut von Dietl väterlich umsorgt" wurde.[62]

Böck trat am 1. Oktober 1933 in die 10. Kompanie des III. (Gebirgsjäger-)Bataillons des Infanterieregiments 19 ein, um Berufssoldat zu werden. Sein Kompaniechef war seinerzeit der Hauptmann Walter Stettner Ritter von Grabenhofen, später als General Kommandeur der 1. Gebirgsdivision; bei seiner nächsten Einheit, der 11. Kompanie in Lindau am Bodensee, war es der Hauptmann Max Schrank, später Kommandeur der 5. Gebirgsdivision. Nach Verwendungen beim II. (Gebirgsjäger-)Bataillon des Infanterieregiments 19 in München und der 10. Kompanie des Gebirgsjägerregiments in Bad Reichenhall wurde er beim Wehrbezirkskommando in Traunstein eingesetzt.

Im Zweiten Weltkrieg diente Böck von 1941 bis 1945 im Stab der 4. Gebirgsdivision. Bei Kriegsende geriet er in sowjetische Kriegsgefangenschaft, aus der er erst 1949 in die Heimat zurückkehrte. Bis zu seiner Versetzung in den Ruhestand 1979 war er bei der Bayerischen Finanzverwaltung tätig. 1987 wurde auch ihm als untadeligem Staatsdiener das bei derartigen Anlässen obligatorische Bundesverdienstkreuz am Bande verliehen.

Einen erbitterten Kampf mit gespitzter Feder führte Johann-Georg Böck immer wieder gegen den sogenannten „Remer-Richter" Adolf Kössinger und dessen enge Verflechtung als Vorsitzender der Kreiskameradschaft Kempten mit dem Münchner Kameradenkreis der Gebirgstruppe sowie den aktiven Soldaten und Reservisten der zwischenzeitlich aufgelösten 1. Gebirgsdivision der Bundeswehr. Denn, so Böck, „Kössinger ist als vormaliger Richter des Remer-Prozesses in Kempten ob seines angeblich zu milden Urteils bei den Linksgruppierungen bekannt und registriert. Sollte Kössinger – trotz mangelhafter rhetorischer Leistungen – als Podiumssprecher fungieren, wird er als naziverdächtig sofort abgeschossen und den selbstgewollten ‚Heldentod' sterben. Der Schuss geht aber auch auf alle alten Gebirgsjäger los, die ja einen ‚Nazirichter' als Vorsitzenden und Sprecher haben, also auch selbst in die äußerste rechte Ecke verdammt gehören."

Nachdem all seine Bedenken und Mahnungen hinsichtlich einer Traditionspflege mit Augenmaß vom Münchner Kameradenkreis der Gebirgstruppe abgeschmettert wurden, kehrte Böck dem Verein am 21. Juni 1988 den Rücken, während der Remer-Verteidiger Kössinger weiterhin dem Ältestenrat angehörte und noch am 5. Juli 1995 an einer Sitzung des Erweiterten Vorstandes im Münchner Hotel „Maria" teilnahm, in der unter anderem eine hitzige Debatte zu den Kasernenpatronen Kübler und

Dietl geführt wurde. Dass diese beiden Generäle der Gebirgstruppe der Wehrmacht sowohl in Mittenwald als auch in Füssen als Kasernenpatrone schließlich einer dem Zeitgeist folgenden Traditionspflege der Bundeswehr zum Opfer fielen wie später die General-Konrad-Kaserne in Bad Reichenhall ist auch darauf zurückzuführen, dass jahrzehntelang nichts anderes als heißer Dampf in den Kolumnen vereinseigener Druckerzeugnisse mit amateurhaften Pressesprechern produziert wurde und heftig umstrittene Rundschreiben „In eigener Sache" kontraproduktive Akzente setzten, die nur die Mitglieder erreichten, aber nicht den gläsernen Turm sprengten und daher im Endeffekt nicht mehr als ungeeignete Alibifunktionen erfüllten. Hinzu kam die zunehmende Diskrepanz der Vereinsmitglieder aus Soldaten der Wehrmacht und Waffen-SS einerseits und den Staatsbürgern in Uniform andererseits mit sich ständig verschiebender Repräsentanz der Generationen.

Roland Kaltenegger
Kufstein/Tirol
im Frühjahr 2019

Johann-Georg Böck   8960 Kempten(Allgäu), 13.10.87
                          Aurikelweg 33
                          Tel. 0831 - 83311

Herrn
Roland Kaltenegger
Gottfried Keller-Str. 3
8208 Kolbermoor (Obb.)

Sehr geehrter, lieber Kamerad Kaltenegger!

Der verlängerte Urlaub in Schleswig-Holstein bei Verwandten meiner Frau und die nach Rückkehr auf mich eingestürzten vielseitigen Verpflichtungen haben mich nun doch in Verzug gebracht. Ich bitte Sie um Nachsicht dafür, daß Sie nun endlich - nach 10 Wochen insgesamt - erst Nachricht von mir erhalten.

Anbei überreiche ich Ihnen alle gesammelten Vorgänge und auch jetzt noch bzw. wieder aufgetauchte Veröffentlichungen.

Damit nun meine Sendung keinen weiteren Aufschub erleidet, darf ich für heute schließen. Ich bitte nochmals um Ihr Verständnis für mein langes Schweigen und ich grüße Sie in kameradschaftlicher Verbundenheit sehr herzlich als

Ihr

[Unterschrift]

Johann-Georg Böck

Vorstandsmitglied der Kreiskameradschaft Kempten
des Kameradenkreises der Gebirgstruppe

Bezirksvorsitzender des Bezirksverbandes Schwaben
im Bayernbund e.V., Sitz Kempten

Vorsitzender der
Kameradschaft ehem. Stab 4. Geb. Div.
im Kameradenkreis der Gebirgstruppe e.V.
8960 Kempten (Allgäu)
Aurikelweg 33, Telefon 08 31 - 8 33 11

Schreiben von Johann-Georg Böck vom 13. Oktober 1987
an den Verfasser dieser zeitgeschichtlichen Biografie.

Aktenstück   Kopie

JOHANN-GEORG BÖCK
8960 KEMPTEN (Allgäu)
Aurikelweg 33 · Telefon 8 33 11

Kempten (Allgäu), 21. Juni 1988

An den
Kameradenkreis der Gebirgstruppe
Kreiskameradschaft Kempten
Herrn 1. Vorsitzenden
Adolf Kössinger
Am Göhlenbach 68
8960 Kempten (Allgäu)

Hiermit vollziehe ich mit sofortiger Wirkung mein
bereits angekündigtes Ausscheiden aus der Vorstand-
schaft bzw. aus dem "Ausschuß" der Kreiskameradschaft.

Freundlichen Gruß!

Johann-Georg Böck

Durchschrift an
2. Vors. Peter Nellessen

Aktenvermerk:
Austritt nach 32-jähriger Vorstandszugehörigkeit aus dem
Grunde, weil alle Warnungen an den Kreisvorsitzenden Adolf
Kössinger, sich n i c h t mit den Rot-Grünen einzulassen
und sich mangels echter Argumente n i c h t mit diesen
antisoldatischen Vertretern der äußersten Linken an einen
Tisch zu setzen, letztendlich nichts fruchteten.
Kössinger befolgte zwar den von mir erwirkten Vorstands-
beschluß, nicht als Diskussionspartner und nicht als Kreis-
vorsitzender aufzutreten, forcierte aber auf anderen Wegen
das Diskussionsvorhaben. Die durchgeführte Diskussion brachte
dem Kameradenkreis der Gebirgstruppe nur Hohn und Spott ein....

*In seinem Schreiben vom 21. Juni 1988 nennt Johann-Georg Böck die Gründe
für seinen Austritt aus dem Kameradenkreis der Gebirgstruppe.*

KAMERADENKREIS DER GEBIRGSTRUPPE E.V.

IN DER INTERNATIONALEN FÖDERATION DER GEBIRGSSOLDATEN (IFMS)

GESCHÄFTSSTELLE: 80336 MÜNCHEN · SCHWANTHALERSTRASSE 79/RGB. · TELEFON (089) 53 70 26

In eigener Sache

80336 München, 27. Februar 1996

Liebe Kameraden,

die ersten Wochen mit den vielen guten Wünschen und frommen Absichtserklärungen für das neue Jahr sind vorüber. Nach den Feiertagen ist wieder der Alltag eingekehrt. Jetzt zählen allein wieder die Fakten. Die Gegenwart sei der Zustand zwischen der guten alten Zeit und der schöneren Zukunft, heißt's immer. Wir hatten im "guten alten" 1995 Arges durchzustehen. Ich greife das signifikanteste Beispiel heraus: Kasernennamen.

Wir haben die Umbenennung zwar nicht verhindern können, aber wir haben die Wahrheit gerettet.

Unsere Art an die beiden Generäle durch persönlichkeitsgerechte Beurteilung und Würdigung heranzugehen, hat sicher so manchen wach gerüttelt, sich nicht einer Politik zu verschreiben, die nur denunziert, einseitig diffamiert, ohne die vielgerühmte Menschenwürde mit Konsequenz umzusetzen. Das Verteidigungsministerium hat durch Übergehen unserer Argumente - nur um das Problem loszuwerden - seine moralische Autorität verspielt. Nicht weil es Umbenennung befahl, sondern weil es unzulänglich geprüft hat, oberflächlichem Begehren opportunistisch nachkam und weil es unnötigerweise auch noch dazu wissentlich falsch zu begründen zuließ.

Wir haben unseren Beitrag zur Verdeutlichung geleistet und werden weiter Anwälte des soldatischen Gewissens bleiben, auch wenn weiter gebellt wird. Die beiden Generäle haben vielleicht nicht immer richtig gehandelt, sich aber immer in ihren Entscheidungen vor ihre Soldaten gestellt. Wie weit fällt man heutzutage moralisch ab mit den wachsweichen Formulierungen zum Soldatenurteil.

Damals gings ums Leben - bei den Heutigen vielleicht bald ums politische Überleben, wenn solcherart geübtes Verhalten weiter Schule machen sollte. Wenn weiter Ehrhaftigkeit und Traditionswürdigkeit der Wehrmachtsoldaten infrage gestellt wird wie durch Aktionen des Hamburger Instituts für Sozialforschung (klassische Erscheinungsform der extremen Linken, finanziert vom Erben des Reemtsmavermögens) und die mit der Wanderausstellung des Herrn Heer verbundene hohe Gefahr für das Soldatentum schlechthin und damit letztlich für die Wehrpflicht. Wenn hier nicht -was wir nach Kräften tun- wirksam dagegen gehalten wird, sind und bleiben wir die "Erfüllungsgehilfen der braunen Diktatur" und dann ist auch mittlerweile die Saat der ausgestreuten Behauptungen längst aufgegangen.

WIR DÜRFEN NICHTS EINSCHLAFEN LASSEN.

Schreiben „In eigener Sache" des Kameradenkreises der Gebirgstruppe
vom 27. Februar 1996.

Anmerkungen

[1] Schaulen, Fritjof: Eichenlaubträger. 1940–1945. Selent 2003. Lenfeld, Erwin und Franz Thomas: Die Eichenlaubträger. 1940–1945. Wiener Neustadt 1983.

[2] Pflug, Hans: Deutschland. Landschaft, Volkstum, Kultur. Leipzig 1937. S. 463 f.

[3] Das deutsche Heer 1939. Gliederung, Standorte, Stellenbesetzung und Verzeichnis sämtlicher Offiziere […]. Hrsg. Hans-Henning Podzun. Bad Nauheim 1953.

[4] Harder, Hans-Joachim: Militärgeschichtliches Handbuch Baden-Württemberg. Hrsg. Militärgeschichtliches Forschungsamt. Stuttgart, Berlin, Mainz 1987. S. 127.

[5] Kaltenegger, Roland: Geheimkommandos und Blitzkriege. 1938–1940. Teil 1 und 2. Würzburg 2018. T. 2. S. 31 ff.

[6] Kaltenegger, Roland: General der Gebirgstruppe Karl Eglseer. Vom Schöpfer der 4. Gebirgsdivision zum Schicksalsgefährten des Generalobersten Dietl. Würzburg 2013.

[7] Ebenda. S. 42 f.

[8] Braun, Julius: Enzian und Edelweiß. Die 4. Gebirgsdivision 1940–1945. Bad Nauheim o. J., S. 8.

[9] Schall-Riaucour, Heidemarie: Aufstand und Gehorsam. Offizierstum und Generalstab im Umbruch. Leben und Wirken von Generaloberst Franz Halder. Generalstabschef 1938–1942. Wiesbaden 1972. S. 160.

[10] Kriegstagebuch des Oberkommandos der Wehrmacht (Wehrmachtführungsstab) 1940–1945. Geführt von Helmuth Greiner und Percy Ernst Schramm. Frankfurt a.M. 1963–1969. Bd. 1. S. 87 E.

[11] Am 6. Juli 1942 wurde die 100. leichte Infanteriedivision in 100. Jägerdivision umbenannt.

[12] Kriegstagebuch des Oberkommandos der Wehrmacht. Bd. I. S. 417.

[13] Kaltenegger, Roland: Die Stammdivision der deutschen Gebirgstruppe. Weg und Kampf der 1. Gebirgsdivision 1935–1945. Graz, Stuttgart 1981. S. 216.

[14] Kaltenegger, Roland: Gefangen im russischen Winter. Unternehmen „Barbarossa" in Dokumenten und Zeitzeugenberichten 1941/42. Rosenheim 2007. S. 68 ff.

[15] Guderian, Heinz: Erinnerungen eines Soldaten. 15. Aufl. Stuttgart 1996. A.a.O.

[16] Braun: Enzian und Edelweiß. S. 186 f.

[17] Obwohl diese Bezeichnung für 1941 noch nicht zutrifft, wird sie, da allgemein üblich, auch hier verwendet. Denn die Division „Wiking" war von Ende 1940 bis zum November 1942 eine motorisierte Infanteriedivision und von November 1942 bis Februar 1944 eine Panzergrenadierdivision. Erst danach wurde sie zur Panzerdivision umgegliedert.

[18] Kaltenegger: General der Gebirgstruppe Karl Eglseer. S. 77 ff.

[19] Braun: Enzian und Edelweiß. S. 18.

[20] Ebenda. S. 20.

21 Lanz, Hubert: Wie es zum Russlandfeldzug kam – und warum wir ihn verloren haben. München 1971. S. 49 f.
22 Kaltenegger, Roland: Generalleutnant Walter Stettner Ritter von Grabenhofen. Vom Alpenkorpskämpfer des Ersten Weltkrieges zum Ritterkreuzträger im Zweiten Weltkrieg. Würzburg 2014. S. 93 ff.
23 Wahl, Karl: „… es ist das deutsche Herz". Erlebnisse und Bekenntnisse eines ehemaligen Gauleiters. Augsburg 1954. S. 290.
24 Front und Heimat. Soldatenzeitung des Gaues Schwaben. Hrsg. Karl Wahl. Nr. 93.
25 Reinhardt-Archivalien: Aufsätze, Skripten und Schriften des SA-Obergruppenführers, NS-Gauleiters von Oberbayern und Staatssekretärs Fritz Reinhardt sowie des Vier-Sterne-Generals der Bundeswehr Klaus Reinhardt. [Militär- und Gebirgstruppenarchiv Kaltenegger].
26 Konrad, Rudolf: Kampf um den Kaukasus. München o.J. S. 19 ff.
27 Kaltenegger: Generalleutnant Walter Stettner Ritter von Grabenhofen. S. 106 ff.
28 Braun: Enzian und Edelweiß. S. 34.
29 Kaltenegger, Roland: Major der Reserve Heinz Groth. Vom Führer der Elbruskompanie zum Regimentsführer am Semmering. Würzburg 2016. S. 71 ff.
30 Kriegstagebuch des Oberkommandos der Wehrmacht. Bd. II/1. S. 617.
31 Tieke, Wilhelm: Der Kaukasus und das Öl. Der deutsch-sowjetische Krieg in Kaukasien 1942/43. Osnabrück 1970. S. 162.
32 Konrad: Kampf um den Kaukasus. S. 35
33 Kaltenegger: General der Gebirgstruppe Karl Eglseer. S. 116 ff.
34 Brüning, Robert und Alex Buchner: Unteroffiziere entscheiden ein Gefecht. Herford 1981. S. 47.
35 Ebenda. S. 50.
36 Kaltenegger, Roland: Krieg in der Arktis. Die Operationen der Lappland-Armee 1942–1945. Graz, Stuttgart 2003.
37 Der 20. Juli 1944. Annäherung an den geschichtlichen Augenblick. Hrsg. von Rüdiger von Voss und Günther Neske. Pfullingen 1984.
38 Tegethoff, Ralph: Generalmajor Otto Ernst Remer. Kommandeur der Führer-Begleit-Division. Riesa o. J.
39 Masson, Philippe: Die deutsche Armee. Geschichte der Wehrmacht 1935–1945. München 1996. S. 280.
40 Sakkers, H./Pieper, H. H.: Die Landungen in der Normandie, die Invasion der Festung Europa. Der 6. Juni 1944 anhand authentischer Unterlagen u. a. von deutschen Kriegstagebüchern. Osnabrück 1998.
41 Seidler, Franz W./Dieter Zeigert: Die Führerhauptquartiere. Anlagen und Planungen im Zweiten Weltkrieg. München 2000. S. 193 ff.
42 Schmundt, Rudolf: Tätigkeitsbericht des Chefs des Heerespersonalamtes General der Infanterie Rudolf Schmundt, fortgeführt von General der Infanterie Wilhelm

Burgdorf. 1. Oktober 1942 bis 29. Oktober 1944. Hrsg. von Dermot Bradley und Richard Schulze-Kossens. Osnabrück 1984. Eintragung vom 20.07.1944. 12.50 Uhr.

[43] 20. Juli 1944. Ein Drama des Gewissens und der Geschichte. Dokumente und Berichte. Freiburg im Breisgau 1961. S. 75.

[44] Lexikon. Deutsche Geschichte im 20. Jahrhundert geprägt durch Ersten Weltkrieg, Nationalsozialismus, Zweiten Weltkrieg. Hrsg. von Waldemar Schütz. Rosenheim 1990. S. 376.

[45] Görlitz, Walter: Der deutsche Generalstab. Geschichte und Gestalt. 1657–1945. Frankfurt a. M. 1950. S. 664 f.

[46] Chronologie. Deutsche Geschichte im 20. Jahrhundert geprägt durch Ersten Weltkrieg, Nationalsozialismus, Zweiten Weltkrieg. Hrsg. von Waldemar Schütz. Rosenheim 1990. S. 250.

[47] Kramarz, Joachim: Stauffenberg. 15. November 1907 – 20. Juli 1944. Das Leben eines Offiziers. Frankfurt am Main o. J.

[48] Puciato, Czesław/Gustav Kühn: Wolfsschanze. Das ehemalige Hauptquartier Hitlers. Reiseführer. Kętrzyn 1997.

[49] Aufstand des Gewissens. Militärischer Widerstand gegen Hitler und das NS-Regime 1933–1945. Hrsg. von Heinrich Walle. Berlin, Bonn, Herford 1994. S. 187.

[50] Ebenda. S. 187.

[51] Prentl, Sepp: Flak-Kampfgruppe Prentl. Ein Erlebnisbericht. München 1978. S. 144 f.

[52] Schulze, Carl: Kriegstagebuch. Bd. VI/3. [Militär- und Gebirgstruppenarchiv Kaltenegger].

[53] Die Operationszone „Adriatisches Küstenland". Die Kämpfe um Triest und Istrien in Dokumenten und Zeitzeugenberichten. 1943–1945. Würzburg 2019.

[54] Bader, Josef: Michl Pössinger. Lebensbilder eines Gebirgsjägers. Garmisch-Partenkirchen, Grainau 1997. S. 186 f.

[55] Kaltenegger, Roland: Vortrag beim Morgenappell zum 20. Juli 1944 am 20. Juli 1965 während der Wasserübung in Eining an der Donau, (i. Ms. S. I-III).

[56] Studnitz, Hans-Georg von: „Rettet die Bundeswehr!" 3. Aufl. Stuttgart 1967. S. 59.

[57] Kaltenegger, Roland: Generalfeldmarschall Ferdinand Schörner. Teil 1 und 2. Würzburg 2014. T. 2. S. 99 ff.

[58] Nehring, Walther K.: Die Schlacht um Lauban. In: Deutsches Soldatenjahrbuch 1970. S. 56 f.

[59] Ebenda. S. 58.

[60] Wistrich, Robert: Wer war wer im Dritten Reich. Ein biographisches Lexikon. Anhänger, Mitläufer, Gegner aus Politik, Wirtschaft, Militär, Kunst und Wissenschaft. 17.–20. Tsd. Frankfurt am Main 1989. S. 279.

[61] Unter anderem sein umfassendes Werk „Kriegshetze gegen Deutschland. Lüge und Wahrheit über die Ursache beider Weltkriege".

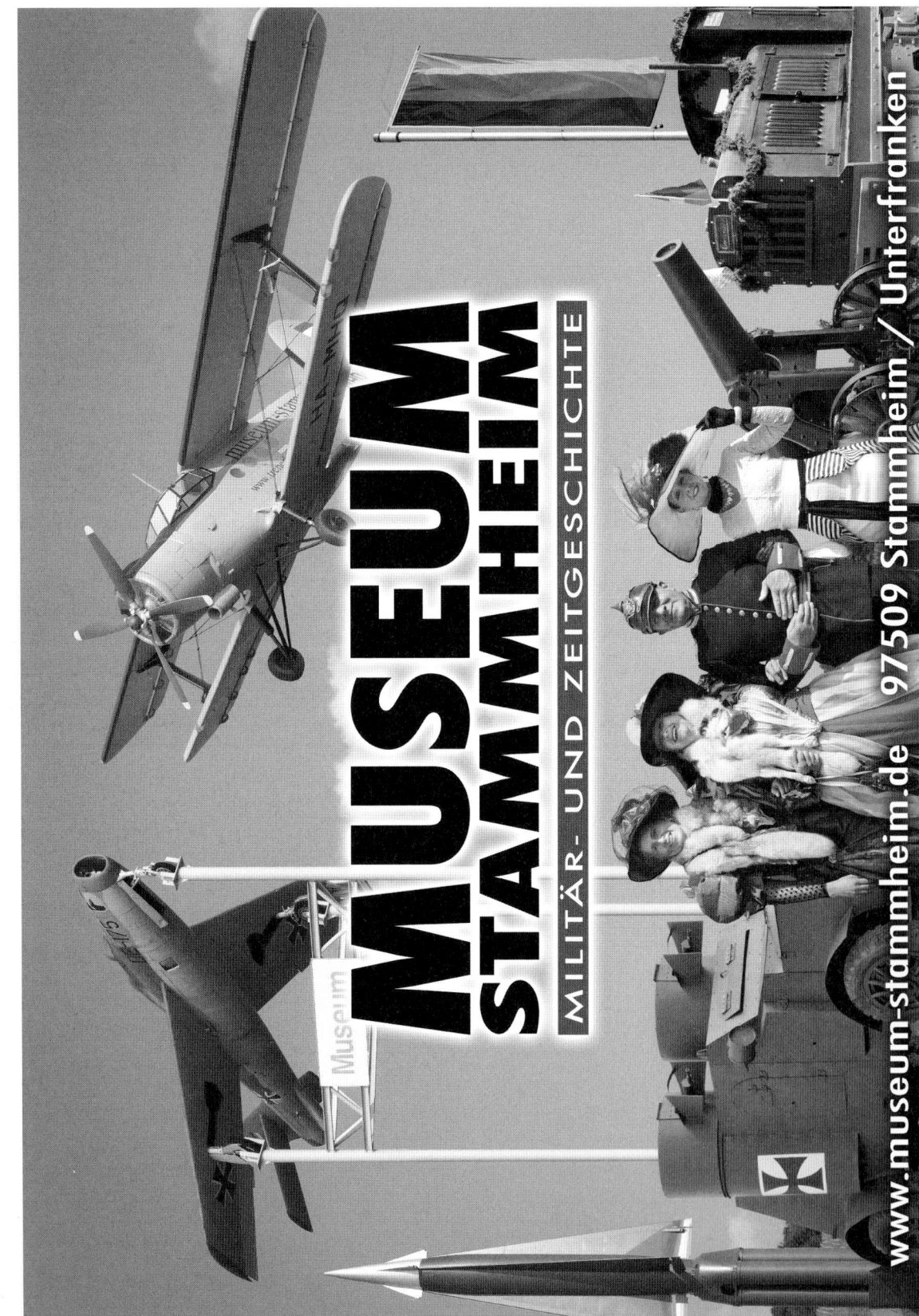